AtV

UDO TIETZ, geboren 1953 in Berlin, 1975 bis 1980 Maschinenbau-Studium in Karl-Marx-Stadt, dem heutigen Chemnitz, 1980 bis 1983 Studium der Philosophie in Leipzig, 1989 Promotion über den frühen Georg Lukács, 1983 bis 1991 wissenschaftlicher Mitarbeiter an der Akademie der Wissenschaften der DDR, seit 1992 am Fachbereich Theoretische Philosophie der Humboldt-Universität zu Berlin, 1999 Habilitation mit der Arbeit »Verstehen und Begründen aus dem Kontext. Aspekte eines antifundamentalistischen Universalismus«.

Publikationen u.a.: Ausdrückliche Klage aus der inneren Emigration. Texte und Grafiken aus der DDR (Mithg., 1991); Sprache und Verstehen in analytischer und hermeneutischer Sicht (1995); Hans-Georg Gadamer zur Einführung (1999, 2001); Hinter den Spiegeln. Beiträge zur Philosophie von Richard Rorty (Mithg., 2000); Ontologie und Dialektik. Heidegger und Adorno über das Sein, das Nichtidentische, das Urteil und die Kopula (2002); Die Grenzen des Wir. Eine Theorie der Gemeinschaft (2002); Vernunft und Verstehen. Perspektiven einer integrativen Hermeneutik (2004); Phänomenologie und Sprachanalyse. Festschrift für Herbert Schnädelbach (Mithg., 2004).

Dem Anschein nach spricht alles gegen einen »Hegel für Eilige«, zumal der Meister selbst immer wieder betont hat, daß es keine bequeme Abkürzung zur Philosophie geben kann. Auch der Gedanke verlangt Tapferkeit und Ausdauer, um erfahren zu werden. In diesem Sinne ist Philosophie nicht referierbar. Doch Udo Tietz ist das Wagnis eingegangen. Was er uns bietet, ist eine knappe, zudem kurzweilige Einführung in das monumentale Werk eines Denkers, der bis heute im Sog von Ablehnung und Faszination lebendig geblieben ist. Die erzählerische Präsentation dieser gewaltigen geistigen Leistung nötigt uns Respekt ab, dem eine gehörige Portion Enthusiasmus beigemischt ist.

Udo Tietz

Hegel für Eilige

Aufbau Taschenbuch Verlag

ISBN 3-7466-2023-6

1. Auflage 2004

Einbandgestaltung Preuße & Hülpüsch Grafik Design
unter Verwendung eines Fotos von www.schein-berlin.de
Druck GGP Media, Pößneck
Printed in Germany

www.aufbau-taschenbuch.de

Georg Wilhelm Friedrich Hegel
Bronzeplastik von Karl-Heinz Appelt, 1987
Friedrich-Schiller-Universität Jena
Foto © Karoline Krause, Weimar

Inhalt

Statt einer Einleitung

Gegen den Versuch, in seine Philosophie einzuführen – und dann auch noch »für Eilige« –, hätte wohl niemand so heftig protestiert wie Hegel selbst, der immer wieder betonte, daß es keine Via regia, keine bequeme Abkürzung zur Philosophie gibt, wie sie jener ptolemäische Herrscher zur Geometrie für sich gewünscht hatte. Wie es eine Kriegsgeschichte des menschlichen Herzens gibt und eine, die nicht mit der Schlafmütze bestanden wird, so verlangt auch der Gedanke Tapferkeit und Ausdauer, um erfahren zu werden. In diesem Sinne ist Philosophie nicht referierbar. Sowenig sich *Wilhelm Tell* in dem Satz zusammenfassen läßt: Man schießt auf Obst, so wenig stellt *Othello* Eifersucht dar oder *Fidelio* Gattentreue. Und auch bei Hegel ist das nicht anders – zumal seine Texte zu den schwierigsten und kompliziertesten gehören, die die Philosophie zu bieten hat. Es ist keine leichte Kost, die er serviert, fürs Gefühl und Gemüt ohnehin nichts. Es ist, in der Metapher seines widerwilligsten und zugleich glühendsten, seines dankbarsten und zugleich undankbarsten Adepten, eine »groteske Felsenmelodie«, die hier komponiert worden ist, zum Mitsingen ungeeignet, aber zum Nach- und Weiterdenken geschaffen wie keine zuvor.

Allein schon diese Feststellung scheint gegen den Versuch einer knappen und zudem kurzweiligen Einführung in die Hegelsche Philosophie zu sprechen, eine Philosophie, die heute zwar von keinem mehr vertreten wird, die aber immer noch von ihren Feinden ebenso leidenschaftlich angegriffen wie von ihren Freunden verteidigt wird. Dennoch soll er hier unternommen werden. Denn eines war Hegel mindestens ebenso fremd: die Verehrung als Klassiker, über den erst sprechen darf, wer auch die letzte Zeile im entlegensten Winkel seines Werkes zu Kenntnis genommen hat. Hegel, der seine Hörer und Leser immer wieder zum »Mut zur Wahrheit« und zum Beharren auf der eigenen Einsicht ermunterte, hätte sich mit Sicherheit lustig gemacht über das, was man mittlerweile als »Hegelexegese« bezeichnen kann: jenes stupide Durchbuchstabieren von Zitaten, das jeglichen Geist aus Hegel vertreibt. Und dies wiederum könnte seinen Protest gegen den Versuch einer Einführung relativiert haben, wobei zu hoffen ist, daß sich dann auch einige »Eilige« etwas mehr Zeit für einen Denker nehmen, der bis heute zu den umstrittensten, aber auch zu den faszinierendsten der gesamten Philosophie des Abendlandes zählt.

Tübingen

Als Hegel im Oktober 1788 als Stipendiat sein Studium an der Theologischen Fakultät des Tübinger Stifts begann, deutete nichts darauf hin, daß aus diesem jungen Studiosus dereinst der bedeutendste Philosoph des Jahrhunderts werden sollte. Zwar liebte der junge Mann ernste Bücher, aus denen er weitläufige Auszüge anfertigte, die er nach einzelnen Rubriken ordnete: Philologie, Ästhetik, Physiognomik, Arithmetik, Geometrie, Psychologie, Geschichte, Theologie und Philosophie. Die Bücher, für die er sich begeisterte, waren zunächst nicht die Werke der philosophischen oder literarischen Avantgarde. Nicht Kants *Kritik der reinen Vernunft* oder die im selben Jahr erschienene *Kritik der praktischen Vernunft*, nicht Lessings *Emilia Galotti* oder *Nathan der Weise*, nicht Goethes *Götz von Berlichingen* oder *Die Leiden des jungen Werther* und auch nicht Schillers *Räuber* hatten bis dahin sein Interesse gefunden, sondern der Roman von Johann Thimotheus Hermes *Sophiens Reise von Memel nach Sachsen*, ein Bestseller, der nach dem Vorbild englischer Familienromane das Leben ostpreußischer Bürger nach dem Siebenjährigen Krieg schildert. Eine gute Auffassung soll der Junge besessen haben. Und fleißig war er wohl auch – zuweilen wurde ihm ein Hang zur Pedanterie nachgesagt, zumindest behauptet das Kuno Fischer. Daß aber »in diesem scheinlosen Jüngling, der sich in einen so elenden und langweiligen Roman vertiefen konnte, ein tiefer Denker verpuppt war, welcher sich emporringen und eines Tages als der erste Philosoph des Zeitalters erscheinen werde«, dies hatte seinerzeit keiner ahnen können.

Auch als Hegel schon einige Zeit am Stift war, wollten seine Freunde an ihm keine Spur von Genialität bemerkt haben. »Von Hegel hätten wir das nimmer gedacht«, sagten sie, als sie aus Berlin von seinem Ruhm hörten. Beliebt aber war er. Zwar rümpften die Damen über seine vernachlässigte Kleidung die Nase, doch seiner Gutmütigkeit und Originalität wegen war er in geselligen Runden ein gern gesehener Gast. Am liebsten hielt er sich im Kreis der »Viertelesschlotzer« auf, wo man Tarok spielte, tüchtig schnupfte und trank und wo Hegel seinen Zuhörern mit hintergründigem Witz die Zeit vertrieb. »Oh Hegel, du saufst dir gewiß no die bißle Verstand vollends ab«, pflegten seine Zechkumpane zu sagen, die nicht nur einmal den wenig erfreulichen Zustand des bedüselten Studiosus beklagten. Schloß Hegel das erste Jahr noch mit einer glänzenden Attestation ab: »Ingenium bonum, diligenes, mores boni« (»Vorzügliche Fähigkeiten, fleißig, vorzügliches Verhalten«), so wurde bald schon das »bonum« durch das »recti« (»gut«) und dann sogar durch das »probi« (»genügend«) ersetzt – zeitweise wurde sein Verhalten sogar mit »languidi« (»schlecht«) beurteilt. Hegel war folglich alles andere als ein Musterknabe.

Im Reich des Wissens unternahm er in der ersten Zeit nur ziellose Streifzüge. Zwar las er nun auch Platon, Kant, Schiller, Jacobi, Montesquieu und Herder. Als aber einige Stiftler einen Club der Kantianer gründeten, blieb Hegel diesem mit der Bemerkung fern, daß er Rousseau studieren müsse – für den kritischen Geist der Kantischen Philosophie hatte er damals noch keinen Sinn. Im Gegensatz zu seinen Studienfreunden Hölderlin und Schelling, die sich früh schon für Fragen der Metaphysik begeisterten, interessierte sich Hegel zunächst für praktisch-politische Fragen, die auf die Verbesserung gegenwärtiger Zustände gerichtet waren – sein philosophisches Interesse entzündete sich in dem Maße, wie er sah, daß den praktisch-politischen Fragen philosophische zugrunde lagen. Nicht der Königsberger »Alleszermalmer«, sondern Rousseau war sein Held. Über ihn sprach man natürlich auch im »Politischen Club«, zumal im Frühling 1789 aus Frankreich interessante Neuigkeiten zu hören waren. Der König, so hieß es, sei nach einem großen Hunger gezwungen gewesen, die Generalstände einzuberufen. Bald darauf ordnete sich der Dritte Stand nicht mehr der königlichen Macht unter, und die Deputierten des Volkes erklärten sich zur Nationalversammlung. Am 14. Juli erstürmten die Pariser die Bastille, und am 26. August nahm die Konstituierende Versammlung die »Deklaration der Menschen- und Bürgerrechte« an, ein Dokument, das im geistigen Leben der Zeit eine zentrale Rolle spielen sollte.

Auch Hegel und die Tübinger Stiftler begrüßten die Französische Revolution. Die Revolution war das Signal, auf das die allzu bereiten Geister nur gewartet hatten. »Hier im Stift«, erinnerte sich Justinus Kerner in seinem *Bilderbuch aus meiner Knabenzeit*, »wird die ganze Größe der Französischen Revolution schon lang' begriffen. ›Die Erde rauche von Tyrannenblut‹, das ist aller Losung.« Nach französischem Vorbild pflanzten die Tübinger Studenten auf einer Wiese vor der Stadt einen Freiheitsbaum, woran auch Hegel mit seinem Freund Schelling beteiligt gewesen sein soll. Von Schelling stammt übrigens eine Übersetzung der Marseillaise, die August Wetzel, der im Frühjahr 1792 aus dem Tübinger Stift geflohen und sich in Straßburg einem Jakobinerclub angeschlossen hatte, im August desselben Jahres mitbrachte.

In Hegels Stammbuch finden sich aus dieser Zeit immer wieder revolutionäre Losungen, die keinen Zweifel an seiner politischen Haltung lassen: »In tyrannos!« (»Gegen die Tyrannen!«), »Tod dem Gesindel«, »Et périsse à jamais l'affreuse politique, qui prétend sur les cœurs un pouvoir absolut!« (»Tod der schrecklichen Politik, die die absolute Macht über die Herzen beansprucht!«), »Vive la liberté!«, »Vive Jean-Jacques!« und ein Zitat aus Rousseaus *Contrat social*: »S'il y avoit un gouvernement des anges, ils se gouverneroient démocratiquement« (»Gäbe es ein Volk von Engeln, würde es sich demokratisch regieren«). Hegel, der sich inzwischen den Ruf erworben hatte, »der begeistertste Redner der Freiheit und Gleichheit« zu sein, »galt für einen derben Jakobiner« – was man auch von Hölderlin sagte, der in dieser Zeit mit der Arbeit am *Hyperion* begann, bald darauf aber im Terror der Jakobiner nur noch einen Verrat an den Idealen der »Vernunft«, der »Wahrheit« und der »Tugend« erkennen konnte.

Hegel war von den revolutionären Ideen Rousseaus hingerissen. Wie dieser glaubte er, daß die rechtlose Mehrheit des Volkes letztendlich die Tyrannei abwerfen und die Losung »Freiheit, Gleichheit, Brüderlichkeit« in die Wirklichkeit überführen werde, wobei das Ideal eines Staatsaufbaus, das nicht hinter seinen Begriff zurückfällt, der antike Stadtstaat war, dessen Verwirklichung Hegel in den Ereignissen in Frankreich kommen sah.

Obgleich sein Herz damals noch nicht für die Philosophie schlug, legte er den Magister in Philosophie ab. Nach den an der Theologischen Fakultät geltenden Richtlinien befaßten sich die Studenten zwei Jahre mit Philosophie, als deren Abschluß sie eine Magisterdissertation verteidigten. Um zu dieser zugelassen zu werden, waren zwei kleine Abhandlungen zu schreiben, ein Examen abzulegen und an einem Disput teilzunehmen – die beiden Aufsätze sind übrigens verschollen. Gegenstand des Disputs war die von Professor August

Bök verfaßte Dissertation *De limite officiorum* (*Über die Grenzen der Pflichten*), die einen Wolffianischen Standpunkt zur Moral vertritt. Zusammen mit seinen Kompromotionalen Fink, Autenrieth und Hölderlin verteidigte Hegel die Dissertation und wurde am 27. September 1790 im Hörsaal der Aula Nova zum Magister promoviert. Die letzten Jahre am Stift blieben der Theologie vorbehalten, die mit einer Dissertation zur Kirchengeschichte ihren Abschluß fand. Im Herbst 1793 legte Hegel das Konsistorialexamen ab – der letzte Tribut an das Tübinger Stift. Das Abschlußzeugnis attestiert Hegel:

> Unbeständige Gesundheit
> Mittelgroßer Wuchs
> Keine bemerkenswerten rhetorischen Fähigkeiten
> Zurückhaltende Gestikulation
> Hervorragende geistige Anlagen
> Gesundes Urteil
> Sicheres Gedächtnis
> Gut lesbarer Stil
> Korrektes Verhalten
> Gelegentlich nachlassender Fleiß
> Ausreichend physische Anlagen
> Erfolge in Theologie
> Nicht ohne Eifer seine Predigerversuche,
> allerdings ist er kein großer Redner
> Gute philologische Kenntnisse
> Viele Bemühungen in Philosophie

Es ist sicher nicht ohne Ironie, daß Eduard Zeller die letzte Zeile des Abschlußexamens so fatal falsch las, daß aus »philosophia multam« ein »philosophia nullam« wurde, was ihm Rudolf Haym dann auch prompt abnahm, so daß es in seiner Hegel-Biographie heißt, »seine Lehrer gaben ihm das

Zeugnis mit auf den Weg, daß er ein Mensch mit guten Anlagen, aber mäßigem Fleiß und Wissen, ein schlechter Redner und ein Idiot in der Philosophie sei«. Selbst wenn man diesen Fauxpas übergeht und Hegel nicht zum »Idioten« macht, bleibt es schon erstaunlich, daß auf dem Abschlußzeugnis des bedeutendsten Denkers des 19. Jahrhunderts diesem in Philosophie gerade einmal »viele Bemühungen« bescheinigt werden.

Bern

Warum Hegel nach bestandenem Examen nicht die theologische Laufbahn einschlug, ist nicht genau bekannt. Folgen wir Magister Christian Philipp Leutwein, dann war es jedenfalls nicht »das selbständige Bedürfnis nach einer neuen Philosophie«, sondern der Tatbestand, daß er nur als Vierter seines Jahrgangs abschloß, hinter Jakob Friedrich Märklin, der nach dem Abschluß des Gymnasiums noch hinter ihm lag. »Diese Zurücksetzung ließ eine bleibende Wunde in Hegels Herzen zurück, was Niemand besser weiß als ich, so sehr es Hegel auch vor der Welt verbarg; sie war auch ganz gewiß der geheime Ressort der Veränderung, welche nach durchlebten akademischen Jahren mit ihm vorging. [...] Wäre er der Dritte in der Promotion geblieben, so würde gewiß Berlin ihn nicht gesehen, noch er dem deutschen Vaterlande so viel von sich zu reden gegeben haben.«

Wie dem auch war, Hegel installierte sich nicht als Pfarrer und zunächst auch nicht als Philosoph, sondern erst einmal als Hauslehrer, und zwar in Bern. Das war nichts Außergewöhnliches. Auch Kant und Fichte begannen ihre Karriere als Hauslehrer. Notgedrungen folgte Hegel seinen berühmten Vorgängern und trat im Oktober 1793 in das Haus des alteingesessenen Patriziers Karl Friedrich Steiger von Tschugg als Hauslehrer ein. Über seine Tätigkeit hier wissen wir so gut wie nichts. Sicher ist nur, daß er in Bern durch den täglichen Gebrauch die französischen Sprache ausgezeichnet beherrschte und daß er viel Zeit fand, um seine Studien fortzusetzen. Er beschäftigte sich mit den sozialkritischen Auffassungen des deutschen Jakobiners Georg Forster und exzerpierte jene Textstellen, die mit seinen eigenen Ansichten einer Volkserziehung übereinstimmten, wobei sein besonderes Augenmerk der griechischen Kunst und den griechischen Göttern galt, denen er die christliche Religion als eine Religion der menschlichen Schwäche gegenüberstellte.

In Bern erwachte auch sein Interesse an dezidiert ökonomischen Fragen. Er analysierte die »*Finanzverfassung Berns* bis ins kleinste Detail« und versuchte auf diesem Weg, über den Zusammenhang von Staat und bürgerlicher Gesellschaft Klarheit zu gewinnen. Aber auch seine philosophischen Studien vertiefte er. Zum erstenmal befaßte er sich intensiv mit Kant. »Seit einiger Zeit«, schreibt er an Freund Schelling in Tübingen, »habe ich das Studium der Kantischen Philosophie wieder hervorgenommen, um seine wichtigen Resultate auf manche uns noch gang und gäbe Idee anwenden zu lernen oder diese nach jenen zu bearbeiten.«

Am meisten aber nahm ihn das Studium von Fichtes *Wissenschaftslehre* gefangen, zu dem ihn Schelling angeregt hatte, der knapp zwanzig Jahre alte Freund, von dem bereits drei bedeutende philosophische Abhandlungen vorlagen. Wie groß der Einfluß des um fünf Jahre Jüngeren war, bezeugt folgender Brief an Schelling: »Die Geschichte, mein Bester, die Du mir geschickt hast, sowie Dein Brief, haben mir lebhafteste Freude verursacht und den reichsten Genuß gewährt, und ich bin Dir aufs äußerste dafür verbunden [...] Deine erste Schrift, der Versuch, Fichtes Grundlage zu studieren, zum Teil meine eigenen Ahndungen, haben mich in den Stand gesetzt, viel mehr, als ich es noch bei Deiner ersten Schrift im Stande war, die mir aber jetzt durch Deine zweite erklärt wird [...] Bemerkungen über Deine Schrift kannst Du von mir nicht erwarten. Ich bin hier nur ein Lehrling.«

Und auf Schellings Bitte, ihm über den Fortgang seiner eigenen Arbeiten zu berichten, antwortete Hegel: »Von meinen Arbeiten ist nicht der Mühe wert zu reden.«

Die theologischen Jugendschriften
Über die Positivität der christlichen Religion

Indes, Hegel schrieb viel in dieser Zeit. Ja, in einem gewissen Sinne begann er überhaupt erst in Bern philosophisch zu arbeiten, wobei ihm zunächst ein erkenntnistheoretisches Thema vorschwebte. In seinen Heften häuften sich die »Materialien zu einer Philosophie des subjektiven Geistes«. In dem Maße aber, wie ihm die Bedeutung der Kantischen Philosophie klar wurde, beschäftigte er sich eingehender mit Kant und der Fortbildung von dessen Transzendentalphilosophie durch Fichte. »Vom Kantischen System und dessen höchster Vollendung erwarte ich eine Revolution in Deutschland«, schreibt er am 16. April 1795 an Schelling.

Ein zweites Problemfeld, dem seine philosophischen Bemühungen galten, war die Religion, genauer, der historische Jesus und das orthodoxe Christentum, in dem er das entscheidende Mittel humanistischer Bildung sah. Unter dem unmittelbaren Einfluß von Kants praktischer Philosophie verfaßte er im Sommer 1795 *Das Leben Jesu*, in dem der Stifter der christlichen Religion als ein moderner Aufklärer auftritt, der, statt Wunder zu vollbringen und den Glauben an das ewige Himmelreich zu predigen, die Menschen nach den Prinzipien der Kantischen Ethik Humanität und Rechttun lehrt. Kein Wort von Mariä Verkündigung, der unbefleckten Empfängnis oder den Wundern und der Auferstehung von den Toten. Mit Kant als Souffleur läßt er Christus sagen: »Was ihr wollen könnt, daß es als allgemeines Gesetz unter den Menschen, auch gegen euch gelte, nach einer solchen Maxime handelt – dies ist das Grundgesetz der Sittlichkeit.«

In diesem Zusammenhang stieß Hegel auf das Problem der Positivität der Religion, wobei ihm die jüdische und die christliche Religion als Paradigma galten. Er mußte begreiflich machen, wie aus der christlichen Freiheit das Zwangssystem der orthodoxen Kirche werden konnte. Positiv ist eine Religion, wenn sie aus einer Angelegenheit des Herzens zu einer Angelegenheit des toten Wissens von Gott geworden ist, das von der Theologie verwaltet wird. Mit diesem von den Theologen der Aufklärung übernommenen Begriff der positiven Religion kennzeichnet Hegel ein »System von religiösen Sätzen, das für uns deswegen Wahrheit haben soll, weil es uns geboten ist von einer Autorität, der unseren Glauben zu unterwerfen wir uns nicht weigern können. In diesem Begriff kommt fürs erste ein System religiöser Sätze oder Wahrheiten vor, die, unabhängig von unserem Fürwahrhalten, als Wahrheiten angesehen werden sollen, die, wenn sie auch keinem Menschen nie bekannt, von keinem Menschen nie für wahr gehalten worden wären, dennoch Wahrheiten blieben, und die insofern häufig objektive Wahrheiten genannt werden, – diese Wahrheiten nun sollen auch Wahrheiten für uns, subjektive Wahrheiten werden.«

Nun ist klar, daß ein Satz, wenn er denn wahr ist, immer wahr sein muß. Wie die Sätze der Physik entweder wahr oder falsch sind, so sind es auch die Sätze, die sich auf Gott oder andere religiöse Gegenstände beziehen. Von daher irrt Hegel, wenn er sagt, daß die Wahrheit der Religion von deren Fürwahrhalten abhängig sei. Wir sagen ja schließlich auch nicht, daß es wahr war, daß die Erde früher eine Scheibe war, sondern daß früher einige Physiker annahmen, daß sie dies sei. Sie hielten diese Aussage für wahr, aber sie war es nicht. Gleichwohl hat Hegel hier auf einen interessanten Gesichtspunkt aufmerksam gemacht, darauf, daß sich Überzeugungen, genauer, religiöse Überzeugungen nicht demonstrieren oder gar oktroyieren lassen. Eine Überzeugung zu besitzen und sie für wahr zu halten sind zwei Seiten einer Medaille – Dialektik hin oder her. So irrt Hegel zwar, wenn er die Wahrheit der Religion von deren Fürwahrhalten abhängig macht, weil die Wahrheit von Sätzen nicht allein von den Gründen abhängt, die zu deren Rechtfertigung aufgeboten werden – die guten Gründe von einst können sich im Lichte neuer Gründe durchaus als schlechte herausstellen. Gleichwohl sieht er, daß Überzeugungen, im gegebenen Fall religiöse Überzeugungen, nur dann akzeptiert werden, wenn sie das Procedere einer freien Prüfung durch das eigene Gewissen überstanden haben. In der Moderne lassen sich Überzeugungen nicht mehr mit Rekurs auf eine Instanz begründen, die nicht von dieser Welt ist, sondern einzig und allein mit Rekurs auf eine freie Subjektivität und vernünftige Argumente, was nach Hegel alle Überzeugungen betrifft, auch die religiösen. Jenseits des eigenen Gewissens gibt es keine Evidenz für die Triftigkeit einer Religion, die in den Herzen verankert sein soll.

Genau aber das versucht die Dogmatik. Sie spricht von Gottes Handlungen, von übernatürlichen Ereignissen und einem himmlischen Reich wie von einsehbaren Sachverhalten, die jenseits jeglichen Zweifels liegen. Hier setzt Hegels Kritik an. Er widerspricht der Orthodoxie, die meint, daß sich die exegetische Theologie gegenüber der kantianisierenden Bibelinterpretation als Wissenschaft behaupten könne. Nach Ansicht der Orthodoxen fehlen dem Sittengesetz ohne den Glauben an Gott und die Unsterblichkeit der Seele hinreichende Motive, sich im Handeln durchzusetzen – weshalb es unserer erste Pflicht sei, religiöse Gesinnungen in uns zu befördern. Hegel, der in religionskritischer Absicht zeigen wollte, wie die Religion zu einer lebensfeindlichen Macht werden konnte, die durch Furcht wirkt und Unterwerfung fordert, konnte hierin nur eine Verkehrung des eigentlichen Sinns der Kantischen Lehre sehen, mit der auch die Philosophie der Freiheit ihre Basis verliert – weshalb die Dogmatik jene Religion stützt, der Hegels Kritik gilt.

Mit dem Begriff der positiven Religion kritisierte Hegel nicht allein die Vorstellung von einem personalen Gott, sondern auch die Kirche als Institution. Positivität bedeutet einerseits Autorität und Gesetztsein und andererseits Erstarrung. Kurz: eine positive Religion ist eine dogmatische, erstarrte Religion, die nicht auf eigenen Überzeugungen, sondern auf äußeren Autoritäten beruht und deshalb keinen lebendigen Halt mehr in der Gemeinschaft der Gläubigen findet. Eine objektive Religion ist durch den Verstand, sie »lehrt man uns von Jugend auf in den Schulen« – wobei Hegel hier sicherlich an das Tübinger Stift gedacht hat, das im letzten Drittel des 18. Jahrhunderts die letzte Bastion einer wissenschaftlichen Orthodoxie war. Eine »subjektive Religion ist bei guten Menschen, die objektive kann fast eine Farbe haben wie sie will, so ziemlich gleich – was mich euch zum Christen macht, das macht euch mir zum Juden, sagt Nathan –, denn Religion ist Sache des Herzens, welches oft inkonsequent handelt gegen die Dogmen, die sein Verstand oder Gedächtnis annimmt«.

Betrachtet man diesen Prozeß der Erstarrung von der ursprünglichen Lehre Christi über das organisierte Christentum bis hin zur Staatsreligion, dann zeigt sich nach Hegel, daß diese Tendenz dem Christentum von Anfang an innewohnt. Denn im Unterschied zu Sokrates, dessen Gesprächspartner jeder freie Geist werden konnte, umgaben Christus zwölf Apostel, Verkünder seiner Lehre, die nur für ihn, seine Lehre und die Belehrung all jener lebten, die noch nicht als belehrt galten. Dann ist »aus dem Belehrenwollen [...] Rechthaberei und daraus Intoleranz entstanden« – eine These, die angesichts der religiösen Fanatismen eine unheimliche Aktualität gewonnen hat. So löste sich die antike Volksreligion in die positive Religion auf, die in dem »System der Kirche« gipfelt, die der junge Hegel ein »System der Verachtung der Menschen« nennt.

Doch warum verschwand die Volksreligion der antiken Welt, und warum konnte sich das Christentum ihr gegenüber behaupten? Die meisten zeitgenössischen Philosophen beantworteten diese Frage so, daß der Glaube an Christus den Bedürfnissen des menschlichen Geistes eben besser entsprach. Das Christentum, so die damalige Mehrheitsmeinung, sei Ausdruck der durch Aufklärung und Vernunft zivilisierten Völker. Hegel hielt diese Antwort für falsch. Er meinte, daß eine Religion nicht durch den Geist aus dem Herzen des Volkes gerissen werden könne, nicht die Aufklärung hat die christliche Religion verbreitet, sondern der Verlust der Freiheit. Es waren die großen sozialen Revolutionen der Antike, die permanenten Eroberungs- und Vernichtungskriege, die Konzentration der Reichtümer in den Händen weniger und das Massenelend, begleitet von Recht- und Sittenlosigkeit, die Griechenland und Rom zugrunde richteten.

In dieser Situation »bot sich den Menschen eine Religion dar, die entweder schon den Bedürfnissen der Zeit angemessen war, denn sie war unter einem Volk von ähnlicher Verderbtheit und ähnlicher, nur anders gefärbter Leerheit und Mangel entstanden – oder aus der die Menschen dasjenige formen, sich an das hängen konnten, was ihr Bedürfnis heischte«. Hegel, der mit dem Massenelend, der Recht- und Sittenlosigkeit, der Gier nach Reichtum bei gleichzeitiger Zunahme der Armut auf die sozialen Wurzeln der Religionen aufmerksam macht, meint zwar, daß den »großen, in die Augen fallenden Revolutionen vorher eine stille, geheime Revolution in dem Geiste des Zeitalters vorausgegangen sein« müsse. Gleichwohl erklärt er das Positivwerden von Religionen aus sozialen Faktoren, die bewirkten, daß aus der Religion freier Völker das Leben entwich, so daß sie sich in ein »fremdes Erbstück vergangener Zeiten« verwandelte, deren Forderungen zwar noch geachtet werden, die aber längst nicht mehr auf allgemeine Anerkennung rechnen können.

Etwas später wird er sagen, der Despotismus der römischen Fürsten habe »den Geist des Menschen vom Erdboden verjagt, der Raub der Freiheit hatte ihn gezwungen, sein Ewiges, sein Absolutes in die Gottheit zu flüchten, – Glückseligkeit im Himmel zu suchen und zu erwarten. Die *Objektivität der Gottheit* ist mit der Verdorbenheit und Sklaverei des Menschen in gleichem Schritt gegangen, und jene ist eigentlich nur eine Offenbarung, nur eine Erscheinung dieser Zeiten [...] Der Geist der Zeit offenbarte sich in der Objektivität seines Gottes, als er [...] in eine neue, uns fremde Welt gesetzt wurde, an deren Gebiet wir keinen Anteil haben, wo wir durch unser Tun uns nicht anbauen, sondern höchstens hineinbetteln oder hineinzaubern können, als der Mensch selbst ein Nicht-Ich und seine Gottheit ein anderes Nicht-Ich war.«

Für Hegel war die griechische und die römische Religion eine Religion freier Völker, und als die Freiheit verschwand, verschwanden auch sie. Das Christentum, so gesehen, wäre demnach ein Produkt des Despotismus und der Unterdrückung, keine Inkarnation der Freiheit, sondern der Macht und Gewalt. Es entstand, als die antike Welt der Freiheit, die Hegel mit Rousseau als Kontrastfolie zu der entfremdeten Welt der Gegenwart aufbietet, von der Bühne der Weltgeschichte abtrat. Mit dem Untergang der antiken Volksreligionen ging auch der Geist der Freiheit unter, und Despotismus und religiöse Verblendung kamen an der Seite der Kirche in die Welt.

Obgleich sich Hegel hier zu wesentlichen Einsichten in den Ursprung der Religion und das dialektische Verhältnis von Wirklichkeit und Vernunft durchringt, kann er ein Problem nicht lösen, das der »Entzweiung des Lebens«. Wie muß die Auflösung der Einheit und Geschlossenheit des Lebens, in der sich der Mensch früher, zur Zeit seiner Freiheit, befand, in historischer und systematischer Hinsicht gedacht werden? Eine Frage, auf die er vorläufig keine plausible Antwort geben kann, was ihn in die Krise führt. Depressionen und Hypochondrie sind die Folgen, die er durch gesteigerte Anstrengungen auf dem Gebiet der Philosophie zu bewältigen sucht. Doch je mehr er arbeitet – die Leistungsgrenze ist längst überschritten –, desto problematischer wird sein seelischer Zustand. Und auch die Notizen werden immer fragmentarischer, die Sätze dunkel und stellenweise mystisch. Im Sommer 1796 schreibt ihm Schelling: »Erlaube mir, daß ich Dir noch etwas sage! Du scheinst gegenwärtig in einem Zustand der Unentschlossenheit und – nach Deinem letzten Briefe an mich – sogar niedergeschlagen zu sein, der Deiner ganz unwürdig ist.«

Unter dem Einfluß von Schelling und Hölderlin formulierte Hegel das Problem, das ihn in der nächsten Zeit beschäftigen wird: Wie kann ein nicht formales Allgemeines gefunden werden, welches sich mit dem Einzelnen ohne Zwang vereinigen läßt?

Frankfurt

Obwohl Hegel in Bern als Hauslehrer eine gute Zeit hatte, zog es ihn weg. Er wollte zurück, in die Nähe seiner Freunde, die in der Philosophie inzwischen eigene Wege gefunden hatten. Schelling, der als Hofmeister der Brüder Riedsel nach Leipzig gegangen war, um dort seine naturwissenschaftlichen und mathematischen Kentnisse zu vertiefen, publizierte 1794/95 drei Texte, die ihn über Nacht zu einer philosophischen Berühmtheit machten. »Ich setze ihn auf den philosophischen Parnass gleich nach Fichte«, schrieb Friedrich Schlegel Ende Januar 1797 an Christian Körner. Und auch Hölderlin, der zunächst auf Schillers Empfehlung die Stelle als Hauslehrer bei Charlotte von Kalb innehatte und dann seit Anfang 1796 als Erzieher im Hause des Bankiers Gontard in Frankfurt tätig war, bewegte sich, inspiriert durch den Besuch der Fichteschen Vorlesungen in Jena, in eine Richtung, die Fichte und Spinoza im Sinne einer Vereinigungsphilosophie zusammenzog.

Hegel mußte das beeindrucken. Abgeschieden von den philosophischen Debatten, wollte er nur eins: weg aus Bern. Er bat Schelling und Hölderlin, ihn aus seiner Lage zu befreien und zurückzuholen. Am 24. Oktober 1796 schrieb Hölderlin an seinen ehemaligen Zimmergenossen: »Du erinnerst Dich, daß ich zu Anfang des Sommers von einer äußerst vorteilhaften Stelle schrieb und daß es mein ganzer Wunsch um Deinet- und meinetwillen wäre, daß Du hierher kämst zu den braven Leuten, von denen die Rede war [...]

Vorgestern kommt Herr Gogol ganz unvermutet zu uns und sagte mir, wenn Du noch frei seist und Lust zu diesen Verhältnissen hättest, würde es ihm lieb sein.« Ein eigenes Zimmer, 400 Gulden, Reisegeld, Geschenke, besten Wein bei Tisch und dazu nette Hausleute stellte ihm der Freund in Aussicht. Und obendrein wären sie wieder vereint. »Ein Mensch, der unter ziemlich bunten Verwandlungen seiner Lage und seines Charakters dennoch mit Herz und Gedächtnis und Geist Dir treu geblieben ist und gründlich und wärmer als je Dein Freund sein wird und jede Angelegenheit des Lebens willig und freimütig mit Dir teilen, und dem zu seiner schönen Lage nichts fehlt als Du – dieser Mensch wohnt gar nicht weit von Dir, wenn Du hierherkömmst. Wirklich, Lieber, ich bedarf Deiner und glaube, daß Du auch mich wirst brauchen können.«

In Erwartung einer neuen Gemeinsamkeit schrieb Hegel »Eleusis«, sein einziges Gedicht von Belang, und widmete es Hölderlin. Er preist in ihm die Treue ihres alten Bundes und versichert, daß er seiner Leitung und Führung bedürfe – von dem Tag an, da Hölderlins Krankheit manifest geworden war, hat Hegel den Namen des Freundes nie mehr erwähnt. Ein Mensch, der den Verstand verloren hatte, war für ihn tot. Die Zeit ihrer Gemeinsamkeit, in der das Ideal des Jünglingsalters in Kraft stand, war dem Hegel, der die Idee zum System der Wissenschaft entfaltete, ebenso entrückt wie der im Wahnsinn verstummte Hölderlin selbst. Doch das liegt in der Zukunft. Seinerzeit antwortete Hegel beglückt: »Ich kann Dir nicht sagen, wieviel Freude es mir gemacht hat, und noch mehr die Hoffnung, Dich bald selbst zu sehen und zu umarmen [...] So leid es mir tut, nicht sogleich mich auf den Weg machen zu können, so ist es mir doch unmöglich, eher als gegen Ende des Jahres das Haus, in dem ich mich befinde, zu verlassen, und vor Mitte des Januar in Frankfurt einzutreffen.« Hölderlin wußte: Bern hatte Hegel um seinen »wohlbekannten immerheiteren Sinn« gebracht. Doch glaubte er, daß es nur weniger Tage bedürfe, um sich und ihn selbst zu verjüngen. »Mit den Jungen«, so Hölderlin, »wirst Du, so sehr der erste Unterricht unseren Geist oft drücken muß, Dich dennoch lieber beschäftigen als mit Staat und Kirche, wie sie gegenwärtig sind.«

Die Entscheidung war gefallen: Frankfurt. Auf der Durchreise verbrachte Hegel einige Tage im elterlichen Haus in Stuttgart, wirkte jedoch trübsinnig und abwesend. Auf einem Zettel notierte seine Schwester: »Schweiz, über 3 Jahre; kam in sich gekehrt zurück, nur im traulichen Zirkel fidel.« Mitte Januar des Jahres 1797 trat er die Hauslehrerstelle bei der Familie Gogol in Frankfurt an. Hier fand er, wonach er sich in Bern gesehnt hatte: Freunde und Gleichgesinnte und »einen reichen literarischen Apparat«. Seine Jugendfreundin Nanette Endel läßt er wissen: »Ich werde hier in Frankfurt wieder etwas mehr der Welt gleich.« Auch Hölderlin ist über das erneute Zusammentreffen beglückt. »Hegels Umgang«, schreibt er an Christian Ludwig Neuffer, »ist sehr wohltätig für mich. Ich liebe die ruhigen Verstandesmenschen, weil man sich so gut bei ihnen orientieren kann, wenn man nicht recht weiß, in welchem Falle man mit sich und der Welt begriffen ist.«

In Frankfurt entstanden in rascher Folge »Der Geist des Christentums«, »Der Geist des Judentums« und eine Reihe von Entwürfen zur Moralität, zur Religion und zur Liebe, in der Hegel lange Zeit die versöhnende Kraft des Menschen mit einer entzweiten Totalität gesehen hat, wobei er die in der Liebe gefühlte Vereinigung mit dem Göttlichen identifiziert: »Wo Subjekt und Objekt oder Freiheit und Natur so vereinigt gedacht wird, daß Natur Freiheit ist, daß Subjekt und Objekt nicht zu trennen sind, da ist Göttliches.« Daneben entwirft er Stellungnahmen zu den Verfassungen Württembergs und des Deutschen Reiches, schreibt einen »glossirenden Commentar zur Deutschen Übersetzung von Stewart's Staatswirthschaft« und eine ausführliche Kritik von Kants Rechts- und Tugendlehre samt der Metaphysik der Sitten. Nach Karl Rosenkranz wollte er »hier nichts unbegriffen, nichts unerörtert lassen. [...] Er strebte hier schon, die Legalität des positiven Rechts und die Moralität der sich selbst als gut und böse wissenden Innerlichkeit in einem höheren Begriffe zu vereinigen, den er in diesen Commentaren häufig schlechthin ›Leben‹, später ›Sittlichkeit‹ nannte. Er protestierte gegen die Zerstückelung des Menschen in die durch den Absolutismus des Pflichgefühls entstandene Casuistik.«

In diesem Zusammenhang kritisierte er besonders Kants Auffassung über das Verhältnis von Staat und Kirche. Gegen dessen Forderung, »beide, Staat und Kirche, sollen einander in Ruhe lassen und gehen einander nichts an«, stellte Hegel die These, daß Kirche und Staat, so man sie recht verstehe, »unmöglich verschieden sein können« und daß der Mensch nicht in »einen besonderen Staats- und besonderen Kirchenmenschen zertrümmert« werden dürfe. Damit revidierte er eine Position, die er im April 1795 selbst noch vertreten hatte. Meinte er damals, Religion und Politik hätten »unter *einer* Decke gespielt« und jene hätte gelehrt, »was der Despotismus wollte«, so vertrat er jetzt den Standpunkt, diese Auffassung setze eine »tiefe Verachtung des Menschen, einen grellen Aberglauben an seinen Verstand voraus; und sie läßt die Hauptfrage unberührt, nämlich die Angemessenheit der Religion an die Natur zu zeigen, wie die Natur in verschiedenen Jahrhunderten modifiziert war, mit anderen Worten, man fragt nach der Wahrheit der Religion (nicht) in Verbindung mit den Sitten und dem Charakter der Völker und

Zeiten, und die Antwort ist, daß sie eitel Aberglaube, Betrug und Dummheit war«.

Nicht die Entlarvung der Religion als Aberglauben und Betrug, wie sie die Aufklärung im Sinn hatte, erscheint Hegel nunmehr erstrebenswert, sondern die »Erhebung, Veredlung des Geistes einer Nation« durch eine *Volksreligion* im Sinne Rousseaus und Lessings. Seine weitgespannten Hoffnungen auf eine universelle Befreiung des Menschen sind auf eine nicht positive Religion gerichtet, die er am Ende seiner Frankfurter Zeit sogar über die Philosophie stellt: »Die Philosophie muß [...] mit der Religion aufhören, weil jene ein Denken ist, also einen Gegensatz teils des Nichtdenkens hat, teils des Denkenden und des Gedachten.« Der Macht der Vereinigung, die über allen Entzweiungen steht, innezuwerden und sie zu feiern ist der Inhalt einer Religion, der Rousseau nicht mehr vorwerfen würde, daß sie die Bürger täuscht und betrügt. Allein in einer nicht positiven Religion sieht Hegel eine Instanz, die die Entzweiung zwischen Mensch und Mensch ebenso aufhebt wie die zwischen Mensch und Natur und das endliche Leben zum unendlichen erhebt.

Das älteste Systemprogramm des deutschen Idealismus
Über Kunst, Mythos und Philosophie

Das im Jahre 1797 geschriebene *Älteste Systemprogramm des Deutschen Idealismus* macht diese Haltung deutlich. Es steht in einer Reihe mit Fichtes *Zurückforderung der Denkfreiheit von den Fürsten Europas, die sie bisher unterdrückten* (1792) oder Schillers *Briefen über die ästhetische Erziehung des Menschen* (1793). Dieser Text, der uns aus der Feder Hegels überliefert ist, war immer wieder Gegenstand philosophischer

Kontroversen hinsichtlich der geistigen Urheberschaft. Wie immer die Entscheidung ausfällt, sicher ist, daß Hölderlin, Schelling und Hegel seinerzeit der Überzeugung waren, daß die »ganze Metaphysik künftig in die *Moral*« fällt und daß der Staat etwas Mechanisches und daher Antihumanes sei, ein Gebilde, das, durch Gewalt hervorgebracht, dereinst wieder verschwinden werde. Zunächst, so die Überzeugung der drei ehemaligen Stiftler, wird man auf »die Felder der Physik herabsteigen; die Frage ist diese: wie muß eine Welt für ein moralisches Wesen beschaffen sein? Ich möchte unserer langsamen an Experimenten mühsam schreitenden Physik, einmal wieder Flügel geben. [...] Von der Natur komme ich aufs *Menschenwerk.* Die Idee der Menschheit voran, will ich zeigen, daß es keine Idee vom *Staat* gibt, weil der Staat etwas *Mechanisches* ist, so wenig als es eine Idee von einer *Maschine* gibt. Nur was Gegenstand der *Freiheit* ist, heißt *Idee.* Wir müssen also auch über den Staat hinaus! – Denn jeder Staat muß freie Menschen als mechanisches Räderwerk behandeln; und das soll er nicht; also soll er *aufhören.*«

Die Freunde sind sich darin einig, daß »das ganze elende Menschenwerk von Staat, Verfassung, Regierung, Gesetzgebung – bis auf die Haut« entblößt werden muß. Sicher, die ganze Argumentation ist ungestüm und überstürzt: Staaten sind als etwas Gemachtes »Maschinen« – die menschliche Freiheit jedoch ist eine »Vernunftidee« –, Ideen aber können in Maschinen nicht dargestellt werden. Also, so die Schlußfolgerung, ist der Staat keine vernünftige Form der Organisation des menschlichen Miteinanders. Nun sind Staaten ja immer etwas von Menschen »Gemachtes«, weshalb es schwer einzusehen ist, wie man diese Feststellung als ernsthaften Vorwurf verstehen kann. Die Frage ist also nicht, ob der Staat etwas Gemachtes sei oder nicht, sondern wohl eher die, ob er sich vernünftig legitimieren läßt. Und hier sind sich die drei

Freunde offenkundig einig: Als ein mechanisches Räderwerk trägt der Staat den Sinnbedürfnissen seiner Bürger nicht mehr Rechnung.

So sahen es auch schon Rousseau, Kant und Fichte, die alle die Reduktion des Staates auf eine technische Einrichtung in Analogie zur Maschine anfochten, wie man sie in Thomas Hobbes *Leviathan* exemplarisch vorfand. Hier hatte Hobbes einen Naturzustand, in dem der Mensch dem Menschen Wolf ist, von einem künstlich herbeizuführenden Zustand unterschieden, in dem die Mitglieder einer Gesellschaft ihre individuelle Macht an den Souverän abtreten, d.h. an einen »corps machine«, der an die Stelle natürlicher Anarchie Gesetz und Ordnung stellt. Der springende Punkt jedoch ist, daß in diesem Konzept die Vereinigung der antagonistischen Gesellschaft zum Staat nur gegen die Einzelwillen durchgesetzt werden kann, weshalb sich der Wille des Staates nicht mehr im Willen der Individuen reflektiert. Im *Contrat social*, der das *Älteste Systemprogramm* als Referenztext grundiert, sind die Vorzeichen gerade umgekehrt, insofern hier behauptet wird, daß die Menschen von Natur aus mythisch vereinigt seien und erst der Maschinen-Staat die Individuen vom gemeinsamen Willen entfremde. Fichte, der mit seinen politischen und staatstheoretischen Schriften zu einer unmittelbaren Quelle für das *Systemprogramm* wurde, sah dies ähnlich. Auch er meinte, daß die Vertragsfigur, die dem Maschinen-Staat zugrunde liege, der Idee der Moralität aus Freiheit widerstreite und daß der Staat auf seine eigene Vernichtung ausgehe – »es ist der Zweck aller Regierung, die Regierung überflüssig zu machen« –, wobei für Fichte klar war, daß sich diese Kritik am État-machine gegen den absolutistischen Staat des 18. Jahrhunderts richtet, nicht aber gegen den auf den Grundlagen der Erklärung der Menschenrechte gegründeten bürgerlichen Staat.

Anders im *Systemprogramm*. Hölderlin, Schelling und Hegel knüpfen zwar an Rousseau, Kant und Fichte an, radikalisieren aber die Argumentation. Sie greifen nicht nur den feudal-absolutistischen Staat an, sondern auch den bürgerlichen, der ihnen nicht mehr als Weggenosse des revolutionären Staates erscheint, der sich durch die Terrorherrschaft der Jakobiner diskreditiert hat – weshalb der Ruf: »Wir müssen also auch über den Staat hinaus« eine ganz neue und unerhörte Bedeutung bekommt, die er so bei Kant und Fichte nicht hatte. Der Staat muß weg, und zwar jeder, weil sich bisher noch immer gezeigt habe, daß jeder Staat ein Maschinen-Staat ist – eine Argumentation, die, entkleidet man sie vom Staub der Jahrhunderte, auch heute noch im Umfeld radikal-demokratischer Politikkonzepte vertreten wird. Mit Verweis auf den mechanischen Charakter meint man den Staat seines autoritären Charakters überführen zu können.

Mit dieser kritischen Diagnose reiht sich das *Älteste Systemprogramm* in die staatskritischen Schriften der Epoche ein, die es freilich insofern zu überbieten sucht, als hier mit spürbarer Radikalität die später von Marx verfochtene Idee vom Absterben des Staates vorweggenommen wird. In staatsphilosophischer Hinsicht steht Hegel auf dem Boden des Anarchismus, wenn man darunter die Ablehnung jeder institutionellen Herrschaft des Menschen über den Menschen versteht. Hegel, der nie wieder über den Staat und seine Institutionen so sprechen wird, ja, der später in seiner *Philosophie des Rechts* gewissermaßen eine philosophische Apologie des Staates liefert, meinte hier noch, daß der Staat das kälteste aller kalten Ungeheuer sei.

Damit aber nicht genug. Die Zumutung geht weiter. Der radikal-anarchistischen Staatskritik des *Ältesten Systemprogramms* steht in programmatischer Hinsicht eine kühne Idee zur Seite, »die […] noch in keines Menschen Sinn gekommen ist – wir müssen eine neue Mythologie haben, diese Mythologie aber muß im Dienste der Ideen stehen, sie muß eine Mythologie der *Vernunft* werden. Ehe wir die Ideen ästhetisch, d.h. mythologisch machen, haben sie für das *Volk* kein Interesse; und umgekehrt, ehe die Mythologie vernünftig ist, muß sich der Philosoph ihrer schämen. So müssen endlich Aufgeklärte und Unaufgeklärte sich die Hand reichen, die Mythologie muß philosophisch werden und das Volk vernünftig, und die Philosophie muß mythologisch werden, um die Philosophen sinnlich zu machen. Dann herrscht ewige Einheit unter uns. Nimmer der verachtende Blick, nimmer das blinde Zittern des Volkes vor seinen Weisen und Priestern. Dann erst erwartet uns *gleiche* Ausbildung *aller* Kräfte, des Einzelnen sowohl als aller Individuen. Keine Kraft wird mehr unterdrückt werden. Dann herrscht endlich allgemeine Freiheit und Gleichheit der Geister! – Ein höherer Geist, vom Himmel gesandt, muß diese neue Religion unter uns stiften, sie wird das letzte Werk der Menschheit sein.«

Der »höchste Akt der Vernunft« soll ein ästhetischer und »Wahrheit und Güte […] in der Schönheit« verschwistert sein. Deshalb muß »der Philosoph auch ebensoviel ästhetische Kraft besitzen, wie der Dichter. Die Menschen ohne ästhetischen Sinn sind unsere Buchstabenphilosophen. Die Philosophie des Geistes ist eine ästhetische Philosophie. Man kann nicht geistreich sein, selbst über Geschichte kann man nicht geistreich raisonieren – ohne ästhetischen Sinn.« In der Form einer erneuerten Mythologie soll die Kunst den Status einer öffentlichen Institution zurückgewinnen und die Kraft zur Regeneration der sittlichen Totalität des Volkes entfalten – ein Motiv, das Friedrich Schlegel in seiner *Rede über die Mythologie* als einer der ersten formulierte und das später Richard Wagner und Friedrich Nietzsche weiter variieren werden. Der gesamten bisherigen Philosophie stellen die drei Stiftler die Poesie gegenüber, die in dem neuen Zeitalter wieder werden soll, was sie am Anfang schon war: »*Lehrerin der Menschheit*; denn es gibt keine Philosophie, keine Geschichte mehr, die Dichtkunst allein wird alle übrigen Wissenschaften und Künste überleben«. Das *Älteste Systemprogramm* ist ein Lehrstück über die praktische Umsetzung der aufklärerischen Postulate Kants.

Und weiter. Nicht nur daß in der Perspektive des *Systemprogramms* die Kunst jene Instanz sein soll, der allein die Kraft der Regeneration der sittlichen Totalität zugetraut wird. Gleichzeitig enthält das Fragment die Vorstellung, daß mit der neuen Mythologie die Philosophie durch die Kunst abgelöst wird, weil die ästhetische Anschauung »der höchste Akt der Vernunft« sei – eine These, die Schelling dann in seinem *System des transzendentalen Idealismus* im Detail begründet. Unter den Bedingungen einer ins Extrem getriebenen Reflexion hütet allein die Kunst – und nicht die Philosophie – die Flamme jener absoluten Identität, die sich einst in den festlichen Kulten religiöser Glaubensgemeinschaften entzündet hatte. Und deshalb wäre die Kunst, die in Gestalt einer neuen Mythologie ihren öffentlichen Charakter zurückgewänne, nicht mehr nur Organon, sondern Ziel und Zukunft der Philosophie. Wo die Kunst schon ist, muß die Philosophie erst hinkommen. In der Schönheit sind »Wahrheit und Güte« verschwistert, weshalb Hölderlin, Schelling und Hegel in der Kunst die Auflösung des Rätsels finden, wie dem Ich die Identität von Freiheit und Notwendigkeit, Geist und Natur, bewußter und bewußtloser Tätigkeit in einem von ihm selbst hervorgebrachten Prozeß zu Bewußtsein gebracht werden kann.

Es ist fast nicht zu glauben, daß diese Zeilen aus der Feder von Hegel flossen, unterscheiden sie sich doch so stark von allem danach Geschriebenen, daß sogar Zweifel an seiner Autorschaft aufkamen. Natürlich ist die hier beschworene Mythologie eine »Mythologie der *Vernunft*«, die nichts mit der dumpfen Beschwörung des Mythos zu tun hat, wie sie später in Deutschland praktiziert wurde. Daß aber die »Idee der *Schönheit*« die Klammer sein soll, die den Menschen mit seinesgleichen verbindet, und daß die Philosophie zu einer ästhetischen werden muß, wird Hegel nie wieder behaupten. Ja, er wird ebendiese Thesen, die von Hölderlin und Schelling auf je verschiedene Weise weitergedacht werden, in den folgenden Jahren ebenso leidenschaftlich bekämpfen, wie er sie hier vertrat. Und doch war Hegel der Autor des *Ältesten Systemprogramms.* Der Freundesbund zwischen den ehemaligen Stiftlern fand hier seinen Ausdruck in einer Aufbruchsstimmung, die, von einem enthusiastischen Avantgardebewußtsein getragen, eine Revolutionsbereitschaft einschloß, die alle Verhältnisse, in denen der Mensch ein beleidigtes und geknechtetes Wesen ist, umzustürzen bereit war. Das *Älteste Systemprogramm* ist die kurze und programmatische Einlösung jener Losung, mit der die Stiftler in Tübingen voneinander schieden: »Reich Gottes!« »Das Reich Gottes komme«, schrieb Hegel Ende Januar 1795 an Schelling, »und unsre Hände seien müßig im Schoße! [...] Vernunft und Freiheit bleiben unsre Losung, und unser Vereinigungspunkt die unsichtbare Kirche.« Die Hoffnung auf eine »Revolution, die durch die Philosophie bewirkt werden soll«, war das einigende Band zwischen den Freunden.

Gegen Ende der Frankfurter Zeit begann sich dieses Band jedoch zu lockern. Zusehends entfernte sich Hegel von dem unter dem Einfluß von Schelling und Hölderlin vollzogenen Übergang von der Position Kants und Fichtes zu einem idealistischen Pantheismus, wobei es die Revision seiner früheren sozialkritischen Anschauungen war, die eine Verabschiedung seiner Jugendideale erzwang. Insbesondere die These von der absoluten Überlegenheit des antiken Gemeinwesens gegenüber der aufblühenden bürgerlichen Gesellschaft erschien ihm nun nicht mehr haltbar. Immer energischer wandte er sich gegen Kant wie gegen Fichte, der gefordert hatte, daß der Mensch die Sinnenwelt nach dem Prinzip des reinen Ich, dem Sittengesetz, in einem unendlichen Prozeß des moralisch guten Handelns verändern müsse. Es ist das Postulat des Sollens, dem nunmehr seine ganze Kritik gilt. Nicht das Objekt, die Totalität seiner sittlichen Beziehungen, habe sich nach den subjektiven Idealen zu richten, sondern umgekehrt, diese müssen sich nach jenem richten. Denn das Objekt als die historisch entstandene und durch den Menschen hervorgebrachte Totalität des Lebens ist das Höchste und Allgemeine, die absolute Notwendigkeit, die nicht nur die einzelnen subjektiven Zwecke und Bedürfnisse in vermittelter Form enthält, sondern diese in letzter Instanz auch erzeugt und determiniert.

Eine Definition dieser Totalität oder des »unendlichen Lebens«, das man auch »einen Geist« oder die »lebendige Einigkeit des Mannigfaltigen« der Individuen nennen kann, gibt Hegel am Ende seiner Frankfurter Zeit in dem »Systemfragment von 1800« mit dem Begriff der Individualität. Unter Individualität versteht er sowohl die Gesamtheit der sozialen Beziehungen einer konkret-historischen Gemeinschaftsform als auch die große Persönlichkeit. »Der Begriff der Individualität schließt Entgegensetzung gegen unendliche Mannigfaltigkeit, und Verbindung mit demselben in sich; ein Mensch ist ein individuelles Leben, insofern er ein anderes ist, als alle Elemente, und als die Unendlichkeit der individuellen Leben außer ihm, er ist nur ein individuelles Leben, insofern er eins ist mit allen Elementen, aller Unendlichkeit der Leben außer ihm.«

Gegenüber Fichte, der die Einheit von Subjekt und Objekt nur auf der subjektiven Basis des Sollens zustande brachte, faßt Hegel diese Einheit als einen dialektischen Widerspruch, genauer: als Entgegensetzung der Entgegensetzung, in der die Gegensätze durch ihre Aufhebung identisch werden. So wie zwei Negationen sich aufheben und in ihr Gegenteil umschlagen, so hat Hegel hier die dialektische Synthesis konzipiert, die er in Frankfurt mit dem Begriff des Lebens belegt, der später durch den Begriff des Geistes ersetzt wird. Hölderlin hatte diesen Gedanken vorbereitet, insofern er die Liebe als Vereinigung von Gegensätzen verstand, denen ein Sein als Grund vorausliegt. Hegel hat diese Intuition zunächst geteilt und sich von Hölderlin darüber belehren lassen, daß die Relata in der Entgegensetzung aus einem Ganzen verstanden werden müssen. Dabei bestritt er aber, daß dieses Ganze so zu denken sei, wie es Hölderlin tat: als ein Ganzes, das den Gegensätzen als Sein vorausliege. Denn wenn sich im Ganzen das Ganze von seinen Teilen so unterscheiden lasse, daß man es als eine gesonderte Entität neben den Teilen anordnen könne, dann wäre das so fixierte Ganze ja selbst nur ein Teil des Ganzen neben den anderen Teilen, woraus Hegel schloß, daß das wahre Ganze als die Einheit des von den Teilen auch zu unterscheidenden Ganzen und der Teile gedacht werden müsse. Das Ganze könne nur der entwickelte Begriff der Relation selbst sein. Und ebendiesen Gedanken hat er in der Analyse des Begriffs Leben ausgearbeitet – weshalb er für den Gedanken, daß die Kunst die Flamme jener absoluten Identität hüte, die vor aller Entzweiung liegt, keinen Ort mehr fand. Ihn hält es nicht bei der neuen »Mythologie der Vernunft«, vielmehr drängt es ihn zu einem System, in dem das Vernünftige als die Einheit der Bestimmungen in ihrer Entgegensetzung gefaßt wird, als dialektischer Widerspruch, der in der bestimmten Negation seine treibende Kraft hat.

So gab Hölderlin Hegel den wichtigen Anstoß auf dem Weg zur Vereinigungsphilosophie. Dennoch wäre es falsch, zu glauben, Hegel hätte Hölderlin nur beerbt. Die Entfaltung der Vereinigungsphilosophie macht deutlich, daß er mit dem Begriff des Lebens etwas aufnahm, wofür es bei Hölderlin keinen Platz gab, für das dialektische Produzieren in der Geschichte. Das Leben als dialektische Einheit von Gegensätzen ist für Hegel »die Verbindung der Verbindung und der Nichtverbindung« – womit auf einer sozialphilosophischen Basis die *spekulative Grundfigur* gefunden ist, an der Hegel zeit seines Lebens festhält. Das Leben ist der Prozeß, der die Gegensätze und Entzweiungen generiert und zugleich aufhebt und der deshalb als Einheit von Generation und Aufhebung verstanden werden muß.

In der »Einheit des Lebens«, in der das Besondere das Allgemeine und das Allgemeine das Besondere durchdringt, erkennt der junge Hegel die Gegensätze als flüssig, als dialektisch sich vermittelnd. Die Keime der Dialektik liegen in der Sozialphilosophie. Die Dialektik, die in Frankfurt zum erstenmal in Erscheinung tritt, ist eine historische, weshalb man sagen kann, daß Hegel in Frankfurt die Grundzüge seines Systems und mit ihnen die tragenden Grundbegriffe entwickelt hat. Auch wenn er später die frühen Schriften, als wären sie bloß dämmernd, nicht zu seinem Werk schlug, vollendete sich hier seine erste philosophische Entwicklungsetappe. Die Frankfurter Jahre waren Hegels Sturm und Drang und zugleich ein »Wendepunkt« in seinem Leben, der ihn, wie er später schreibt, durch das »Chaos der Erscheinungen« durchgebracht hat. »Jeder Mensch hat wohl überhaupt solchen Wendepunkt im Leben, den nächtlichen

Punkt der Konzentration seines Wesens, durch dessen Enge er hindurchgezwängt und zur Sicherheit seiner selbst befestigt und vergewissert wird, zur Sicherheit des gewöhnlichen Alltagslebens und, wenn er sich bereits unfähig gemacht hat, von demselben ausgefüllt zu werden, zur Sicherheit einer inneren edleren Existenz.«

Hegel verfügte nunmehr über das nötige theoretische Rüstzeug, um in die philosophischen Debatten seiner Zeit eingreifen zu können. Und auch materiell stand er sich besser. Am 15. Januar 1799 war der Vater gestorben, dessen Erbe unter den Geschwistern aufgeteilt wurde, so daß der Sohn mit 3154 Gulden in der Tasche daran denken konnte, seine Hauslehrerstelle aufzugeben, um sich ganz der Philosophie zu widmen. Hegel faßte den Entschluß, nach Jena zu gehen, wo Karl Leonhard Reinhold, Johann Gottlieb Fichte und nach dessen Vertreibung – Fichte wurde des Atheismus angeklagt und mußte wegen seiner demokratischen Gesinnung 1799 die Universität verlassen – Schelling lehrten. Hinzu kam der »literarische Saus in Jena«. 1789 hatte Schiller auf Vermittlung Goethes eine außerordentliche Professur für Geschichte erhalten – in Jena verfaßte Schiller die *Geschichte des Dreißigjährigen Kriegs*, die *Briefe über die ästhetische Erziehung des Menschen* und die *Wallenstein*-Trilogie. Und dann war da noch der Kreis um Friedrich und August Wilhelm Schlegel, zu dem Novalis, Tieck und Wackenroder zählten. Durch ihn erhielt das wissenschaftliche und kulturelle Leben Impulse, die Jena in ganz Deutschland berühmt machten.

Am 2. November 1800 schrieb Hegel an den Tübinger Freund: »Deinem öffentlichen großen Gange habe ich mit Bewunderung und Freude zugesehen; Du erläßt es mir, entweder demütig darüber zu sprechen oder mich auch Dir zeigen zu wollen; ich bediene mich des Mittelworts, daß ich hoffe, daß wir uns als Freunde wiederfinden werden. In meiner wissenschaftlichen Bildung, die von untergeordnetern Bedürfnissen der Menschen anfing, mußte ich zur Wissenschaft vorgetrieben werden, und das Ideal des Jünglingsalters mußte sich zur Reflexionsform, in ein System zugleich verwandeln.«

Jena

Bevor sich Hegel der weiteren Arbeit an diesem System widmen konnte, mußte er die *Venia legendi* erwerben, ohne die keine Möglichkeit bestand, als Privatdozent zu lehren. Er mußte also noch die Dissertation und das Habilitationskolloquium hinter sich bringen. Am 27. August 1801, genau an seinem einunddreißigsten Geburtstag, fand zunächst das Habilitationskolloquium statt – die Dissertation war noch nicht gedruckt –, in dem er zwölf Thesen über die Planetenbahnen verteidigte, von denen sich allerdings nur eine auf das genannte Thema bezog. Mitte Oktober lag dann auch die Dissertationsschrift *De orbitis planetarum* vor, eine Kritik des Mechanizismus und Empirismus, als deren Hauptvertreter Hegel Newton ausmachte, dem er Kepler gegenüberstellte. Hegel meint hier, daß das Unglück der neuen Mechanik darin bestünde, daß sie von Gott nichts weiß und daß sie die Natur nicht als Ganzes begreift, sondern sie zerstückele. Mit Kepler und gegen Newton greift Hegel auf die längst überholte Auffassung der Aristotelischen Physik zurück, daß die Schwerkraft, unter deren Wirkung ein Apfel auf die Erde fällt, sich von der unterscheide, die im Bereich der Gestirne wirke, die ja schließlich auch nicht auf die Erde niederstürzen. Der Apfel, der Newton auf den Gedanken der Gravitation brachte, galt Hegel als ein gar zu schlechtes Vorzeichen, da dieser bislang noch immer den Menschen Unglück gebracht habe. Die Philosophie, der es um die Vernunft zu tun sei, müsse nicht vom Himmel auf die Erde gezogen werden, sondern umgekehrt sich wieder dem Himmel und damit Gott zuwenden.

Im Wintersemester 1801/02 begann Hegel als Privatdozent zu lehren. Seine »Erfolge« hielten sich zunächst in sehr engen Grenzen. Nicht nur, daß er mit zwölf Professoren und sechs weiteren Privatdozenten konkurrieren mußte, er mußte sich auch beständig an Schelling messen lassen, der schon frühzeitig als philosophischer Superstar galt. »Mit persönlicher Zuversicht«, so Karl Rosenkranz, »verband er rhetorische Leichtigkeit. Überdem fesselte die Zuhörer der Nimbus eines Revolutionärs in der Philosophie, welchen Schelling stets über sein genial vernachlässigtes, vornehm unbestimmtes Wesen verbreitete [...], dagegen machte die schlichte Manier Hegels einen merklichen Abstrich. Seine Darstellung war die eines Menschen, der, ganz von sich abstrahierend, nur auf die Sache gerichtet, zwar keineswegs des trefflichen Ausdrucks, wohl aber der rednerischen Fülle entbehrt [...] Rücksichtslos gegen rhetorische Eleganz, sachlich durch und durch [...], wußte Hegel die Studierenden durch die Intensität seiner Spekulation zu fesseln.«

Diese »schlichte Manier« des Vortrags geht sicherlich nicht nur auf rhetorisches Unvermögen zurück, wenngleich Hegel alles andere als ein glänzender Redner war. Er sprach schleppend, seine Rede wurde durch häufiges Schnupfen und ständiges Herumsuchen in den Papieren, durch Husten und Räuspern unterbrochen. In seinem Vortrag lag nichts von dem rhetorischen Glanz seines Freundes. Dabei war Hegels Sprache keineswegs schlicht, und um eine gelungene Pointe war er nie verlegen. Daß ihm die rhetorische Leichtigkeit eines Schelling abging, hatte seinen Grund auch darin, daß er in dem seit Platon geführten Streit der Rhetorik mit der Logik von Anfang an auf der Seite derer stand, die vor den Fallgruben der Rhetorik warnten, weil sie eine Subversion der

Wahrheit durch Rhetorik befürchteten. Hegel mutmaßte, die rhetorischen Figuren stellten auf Grund ihrer tatsächlich oder vermeintlich mangelhaft konturierten Bedeutung eine Bedrohung für die Philosophie und die Wahrheit dar, die auszuschließen eine der vordringlichsten Aufgaben des soliden wissenschaftlichen Denkens sei – in der *Ästhetik* wird der Dialektiker später sagen, daß es sich bei der Rhetorik nur allzuoft um ein System sprachlicher Kunstmittel handle, deren einziges Ziel darin bestehe, einen Mangel an ideellem Gehalt durch die rhetorische Evokation des schönen Scheins zu kaschieren.

Wissenschaftliches Wissen galt ihm als unvereinbar mit der Rhetorik und ihren Figuren, die der uneigentlichen Rede zugehören und im Prinzip durch einen wörtlichen Ausdruck ersetzbar sind. Hegel war gewissermaßen ein »Idealsprachler«, sofern man darunter die Orientierung an einer Sprache versteht, in der zum Zwecke der Darstellung der Wirklichkeit rhetorische Elemente ausgeschlossen sind. Diesen Quell der erkenntnistheoretischer Besorgnis zu verstopfen, darin sah er eine wesentliche Aufgabe der Logik – ein Anliegen, das im 20. Jahrhundert von den Philosophen des Wiener Kreises ebenso leidenschaftlich vertreten wurde wie einst von Hegel.

Jedenfalls hatte er, gemessen an Schelling, in Jena keinen leichten Stand. Gleichwohl wuchs die Zahl seiner Hörer und damit auch sein Ansehen. Saßen in seiner ersten Vorlesung nur elf Zuhörer, waren es bald an die dreißig, eine für die damaligen Verhältnisse durchaus respektable Zahl. Im ersten Semester las Hegel über Logik und Metaphysik, später über Naturrecht und auch noch über Mathematik. Für das Sommersemester 1803 kündigte er an, die ganze Philosophie als System darzustellen, wozu er wiederholt auf sein *Lehrbuch der philosophischen Enzyklopädie* verwies, das bald erscheinen sollte, aber nie erschien. Großer Beliebtheit erfreuten sich seine Vorlesungen über die Geschichte der Philosophie, die er ab 1805 regelmäßig hielt. Hier zeigte er nicht nur, daß es einen inneren dialektischen Zusammenhang der philosophischen Systeme gibt, sondern auch, daß die geschichtliche Entfaltung der Philosophie, die für ihn gleichbedeutend mit der geschichtlichen Entfaltung der Vernunft ist, als ein bestimmendes Moment in die philosophische Systematik einbegriffen werden muß – ein wirklich neuer Gedanke, mit dem Hegel die historische Aufklärung in die Philosophie trug. »Die Geschichte der Philosophie«, wird er in der zweiten Vorrede zur *Enzyklopädie* sagen, »ist die Geschichte der Entdeckung der *Gedanken* über das Absolute, das ihr Gegenstand ist.« So begann er in Jena damit, die Geschichte der Philosophie aus einer Sammlung von Anekdoten und Biographien sowie aus metaphysischen Feststellungen über die Richtigkeit oder Falschheit einzelner Anschauungen einzelner Philosophen auf die Höhe einer historischen Wissenschaft zu heben.

Die Zahl derer, die sich von Hegel in die Geheimnisse der spekulativen Philosophie einführen lassen wollten, wuchs ständig, auch wenn man den Deduktionen des »Meisters« kaum zu folgen vermochte – zumindest behaptete das Karl Rosenkranz. Denn das »vielgenannte, vielgelobte Absolute, war [...] für die Mehrzahl etwas sehr Dunkles, Chaotisches, was sie mehr anstaunten, als [...] verstanden. Die negative Seite der Opposition gegen das Alte, Bisherige, die Einsicht in die Unhaltbarkeit des innerlich schon zu Grunde Gegangenen bildete sich am Klarsten und Stärksten aus. Mühte sich ein Student mit dem Absoluten bis zur Hypochondrie ab, so trösteten ihn die Anderen mit der Redensart, es werde schon mit ihm zum Durchbruch kommen. Die ächten Jünger hegten die größte Hochachtung vor dem Meister und eine fast abgöttische Verehrung für Alles, was von ihm ausging. Er erschien ihnen als ein höheres Wesen, dem gegenüber alles Eigene in ihrem bisherigen Verstande und alle Wissenschaft Anderer nichtig und verworfen war.«

Langsam, aber sicher avancierte Hegel zum Geheimtip. Hinzu kam, daß er seit 1802 zusammen mit Schelling das *Kritische Journal der Philosophie* herausgab, in dem es ihnen um die Begründung und Verteidigung der Leitthesen der neuen Identitätsphilosophie ging. Dieses Journal, das in einer Reihe mit dem von Niethammer und Fichte herausgegebenen *Philosophischen Journal*, mit den *Horen* von Schiller oder dem *Athenäum* der Schlegel-Brüder steht, bedeutete nicht nur einen ersten Höhepunkt in der Entfaltung der neuen Philosophie, sondern auch in der persönlichen Zusammenarbeit von Schelling und Hegel – nie wieder werden sie mit anderen eine so kordiale und so produktive Gemeinschaft eingehen. Die meisten und wohl auch die wichtigsten der versammelten Beiträge stammen von Hegel, der hier im Anschluß an seine in der *Differenzschrift* entwickelten Thesen bereits die ersten Schritte in Richtung eines systematischen Neuentwurfs unternahm.

Inzwischen wurde man auch von offizieller Seite auf Hegel aufmerksam. 1804 ernannte ihn die »Mineralogische Gesellschaft zu Jena« zu ihrem Assessor und die »Naturforschende Gesellschaft Westphalens« zum ordentlichen Mitglied, 1807 wurde er Ehrenmitglied der »Physikalischen Gesellschaft in Heidelberg«. Um so größer war sein Erstaunen, als nicht er, sondern Jakob Friedrich Fries als der aussichtsreichste Kandidat für die durch Schellings Weggang nach Würzburg vakant gewordene Professur galt, was das Verhältnis zwischen Fries und Hegel von Anfang an zu einem Nicht-Verhältnis machte. Fries, ein radikal gesinnter Hochschullehrer, der später das geistige Zentrum der deutschen Burschenschaften repräsentierte, war Anhänger eines psychologisch interpretierten Kantianismus, den Hegel seit dieser Zeit in regelmäßigen Abständen mit seinem Spott verfolgte.

Als Hegel zu Ohren kam, daß Fries die Professur bekommen sollte, schrieb er im Februar 1804 an Goethe: »Indem ich höre, daß einige meiner Kollegen der gnädigsten Ernennung zum Professor der Philosophie entgegensehen und hierdurch daran erinnert werde, daß ich der älteste der hiesigen Privatdozenten der Philosophie bin, so wage ich, der Beurteilung Eurer Exzellenz es vorzulegen, ob ich nicht durch eine solche, von den höchsten Autoritäten erteilte Ausgleichung in der Möglichkeit, nach meinen Kräften auf der Universität zu wirken, beschränkt zu werden befürchten muß [...] Ich weiß zu sehr, daß diese Umstände der Ergänzung durch die gnädigen Gesinnungen Eurer Exzellenz bedürfen [...] zugleich aber auch, wie sehr dadurch, daß die Durchlauchtigsten Erhalter wenigstens diese gnädige Rücksicht auf mich nähmen, mich nicht anderen nachzusetzen, meine Bestrebungen angefeuert würden.«

Goethe, der mit dem Philosophen sympathisierte, in dem er den Erben Schellings und einen Bündnispartner im Kampf gegen Newton sah, setzte sich für Hegel ein. Im Februar 1805 wurde er zusammen mit Fries zum außerordentlichen Professor ernannt – das ordentliche Gehalt folgte erst ein Jahr später: 100 Taler jährlich (die Ausgaben eines sparsam lebenden Studenten betrugen seinerzeit durchschnittlich 200 Taler). Es war zum Leben zuwenig und zum Sterben zuviel. Das wußte wohl auch der Geheimrat, der Hegel beschwichtigte, dies sei nur ein erster Schritt, und ihn ansonsten seiner Gunst und freundschaftlichen Zuneigung versicherte – die nie überschwengliche, aber immer von gegenseitiger Hochachtung getragene freundschaftliche Beziehung zwischen den beiden Männern wird ein ganzes Leben fortdauern. Aber nicht nur mit Goethe, auch mit anderen ortsansässigen Größen pflegte Hegel enge Kontakte, mit Schiller, Thomas Johann Seebeck, Karl Ludwig Knebel, Karl Friedrich Ernst Frommann und Friedrich Immanuel Niethammer, der 1798 zusammen mit Fichte des Atheismus beschuldigt wurde und in dem Hegel den zuverlässigsten Freund seines Lebens fand.

So war Hegel inzwischen ein auch in der Öffentlichkeit anerkannter Philosoph, doch schlug sich sein Renommee nicht in seinen Einkünften nieder. Im Gegenteil, in diesem Punkt verschlechterte sich sogar die Lage. Die Erbschaft war inzwischen aufgebraucht, und auch der spärliche Nebenverdienst durch seine Mitarbeit am *Kritischen Journal* war versiegt, da dieses mit dem Weggang Schellings nach Würzburg 1803 sein Erscheinen einstellte. Alles, was Hegel hatte, waren die drei Laubtaler, die er pro Studienjahr pro Student erhielt. Seine Hoffnungen ruhten jetzt auf der *Phänomenologie des Geistes*, die zu Ostern 1807 die Druckerpresse verließ. Mit ihr legte er am Ende der Jenaer Dozentenjahre sein zweites Buch vor, dessen erste Exemplare an Freunde und Gönner gingen: an Goethe, Niethammer, Frommann, Knebel und natürlich an Schelling. Der hatte kurz vor der Fertigstellung des Manuskripts geschrieben, er sei gespannt auf das Ende der Entdeckungsreise, auf die sich Hegel begeben hatte, als er Ende 1803 daranging, dem System eine Einleitung voranzustellen, in der die Geschichte des Bewußtseins verfolgt wird, die dieses mit sich selbst macht, bis es sich zu dem Standpunkt des Systems hochgearbeitet hat.

Hegel ging es um die Frage, was das Bewußtsein sei und woher es komme, was seine Geschichte sei. Als das Ergebnis seiner Überlegungen, die längst die Dimension einer Einleitung überschritten hatten, in Würzburg eintraf, da wußte

Schelling, daß sich ihre Wege als Freunde und Mitstreiter trennen würden. Es war die Art und Weise, wie Hegel hier den Begriff des Absoluten faßte und gegen eine Auffassung Front machte, in der selbiges als die Nacht erscheint, »worin [...] alle Kühe schwarz sind«. Wiewohl sich Hegel beeilte, zu versichern, daß er Schelling eine solche »Plattheit« keineswegs unterstellte, sondern allein jenen, »die besonders mit Deinen Formen soviel Unfug und Deine Wissenschaft zu einem kahlen Formalismus herabtreiben«, und Schelling daraufhin antwortete, daß er »diese Polemik« gar nicht auf sich bezogen habe, war die Beziehung beendet. Eine philosophische Sternstunde hatte ihren Endpunkt erreicht. Aus der Textur des gemeinsamen Einverständnisses brachen die Differenzen hervor, die sich in den Folgejahren immer mehr vergrößerten. Nur noch drei persönliche Begegnungen wird es geben, die alle in freundlicher Unverbindlichkeit verliefen: im Herbst 1812 in Nürnberg, im Herbst 1815 in München und im Sommer 1829 in Karlsbad – »Philosophica haben wir nicht berührt«, berichtete Hegel lakonisch.

Die Differenzschrift
Über die Entzweiung und das Bedürfnis der Philosophie

Im Januar 1801 traf Hegel in Jena ein, wo er eine Dozentur für Logik, Metaphysik und Naturphilosophie anstrebte. Trotz seines Alters, er war schon dreißig, hatte er sich in der Philosophie bislang noch keinen Namen gemacht – im Gegensatz etwa zu seinem Jugendfreund Schelling, der den Zeitgenossen bereits mit zwanzig Jahren als philosophisches Wunderkind galt. Insofern sah sich Hegel geradezu gezwungen, die Fachwelt mit einer wissenschaftlichen Abhandlung auf sich aufmerksam zu machen. Er mußte nachweisen, daß er auf der Höhe der theoretischen Diskussion seiner Zeit stand und in der Philosophie ein Wort mitzureden in der Lage war.

Die Schrift, mit der sich Hegel in die Philosophie einführte, trägt den Titel *Differenz des Fichte'schen und Schelling'schen Systems der Philosophie* und erschien 1801 bei Seidler in Jena. Es war seine erste richtige Veröffentlichung. Zugleich war es die erste Schrift, in der der aus dem Idealismus Fichtes hervorgegangene Idealismus Schellings als eine neue und eigenständige philosophische Position vorgestellt wurde, was insofern nicht trivial war, als Schelling sich seines Hinausgehens über Fichte lange Zeit selbst gar nicht bewußt war. Noch im November 1800 glaubte er sich »in allen wesentlichen Punkten« in Übereinstimmung mit Fichtes System. Es war Hegel, der diesen Unterschied in Jena öffentlich machte, weshalb Schelling im Oktober 1801 an Fichte schrieb: »So ist erst dieser Tage ein Buch von einem sehr vorzüglichen Kopf erschienen, das zum Titel hat: *Differenz des Fichteschen und Schellingschen Systems der Philosophie*, an dem ich keinen Antheil habe, das ich aber auch auf keine Weise verhindern konnte.«

In einer Übersicht über die Neuerscheinungen der Leipziger Herbstmesse schrieb ein Rezensent in der Stuttgarter *Allgemeinen Zeitung*: »Bisher glaubte jeder, Schelling baue auf Fichtes Wissenschaftslehre seine idealistischen Naturtempel, und Fichte schien das selbst zu glauben. Nun aber hat sich Schelling einen rüstigen Verfechter aus seinem Vaterlande nach Jena geholt, durch welchen er dem staunenden Publikum kundtut, daß auch Fichte tief unter seinen Ansichten stehe.« Und so schlug denn auch die Schrift wie eine Bombe ein, bot sie doch einen Vorgeschmack dessen, was von diesem Autor, der sich im selben Sommer 1801 in Jena habilitierte, zu erwarten war.

Die Schrift hat vier Teile: ein einleitendes Kapitel, in dem Hegel über die Voraussetzung der Philosophie spricht, dem eine kritische Darstellung der Position Fichtes und der Vergleich dieser Position mit der von Schelling folgt. Den Abschluß bildet ein Anhang »über Reinholds Ansicht der Philosophie«, der sich mit den kurz zuvor erschienen *Beyträgen zur leichteren Übersicht des Zustandes der Philosophie beym Anfange des 19. Jahrhunderts* auseinandersetzt. Interessant ist in diesem Zusammenhang, daß Hegel seine Diskussion nicht mit der Erörterung der behaupteten Differenz zwischen Fichte und Schelling beginnt, sondern mit einer Diskussion über die Entzweiung der sittlichen Totalität als dem »Quell des Bedürfnisses der Philosophie« und über den normativen Gehalt der Moderne.

Mit einem regelrechten Paukenschlag eröffnet Hegel die Argumentation: »Wenn die Macht der Vereinigung aus dem Leben der Menschen verschwindet und die Gegensätze ihre lebendige Beziehung und Wechselwirkung verloren haben und Selbständigkeit gewinnen, entsteht das Bedürfnis der Philosophie.« Das Bedürfnis nach Philosophie, das gleichbedeutend mit dem nach Orientierung und Kritik ist, entstehe in einer krisengeschüttelten Kultur, die durch »Entzweiung« gekennzeichnet ist, weshalb Hegel sagt, daß die »Entzweiung [...] der Quell *des Bedürfnisses der Philosophie* und die Bildung des Zeitalters die unfreie gegebene Seite der Gestalt« sei. In Jena wird er sich darüber klar, daß unter den Bedingungen der Moderne jene Maßstäbe, die zur Orientierung und Kritik taugen, nicht mehr der Vergangenheit entlehnt werden können, sondern allein einer zerrissenen Gegenwart, der das »Prinzip der Subjektivität« den Stempel aufgedrückt hat, das sich mit Hegel als das »Prinzip der neuen Welt« verstehen läßt. Nicht eine axiologisch zusammengefaßte sinnhafte Ordnung des Kosmos bewahrt uns vor den Abgründen des Nichts, sondern allein eine Subjektivität, die sich in ihren reflexiven Leistungen des Absoluten versichert. Diese Subjektivität, die Hegel als einen alles vermittelnden Prozeß der sich bedingungsfrei produzierenden Selbstbeziehung auffaßt, wird ihm zum Garanten dafür, daß im Prozeß der dialektischen Vermittlung alle Vereinseitigungen und Entzweiungen in einer höheren Einheit ihre »dialektische Aufhebung« finden.

Dieser Prozeß, der alle Vereinseitigungen und Entzweiungen überwindet und alles Endliche und Bedingte in den Prozeß einer diese Endlichkeiten und Bedingtheiten verschlingenden Selbstbeziehung hineinzieht, um schließlich mit dem Standpunkt des Absoluten das Unbedingte zurückzubehalten, ist also nicht mehr an den Vorbildern der Vergangenheit orientiert, sondern an ebendiesen Vereinseitigungen und Entzweiungen, aus denen unter den spezifischen Bedingungen der Moderne überhaupt erst das Bedürfnis nach einer reflexiven Selbstvergewisserung entsteht. Folgen wir Jürgen Habermas, dann ist damit Hegel »der erste, der den Prozeß der Ablösung der Moderne von den außerhalb ihrer liegenden Normsuggestionen der Vergangenheit zum philosophischen Problem erhebt. Gewiß, im Zuge einer Traditionskritik, die Erfahrungen der Reformation und der Renaissance in sich aufnimmt und auf die Anfänge der modernen Naturwissenschaft reagiert, bringt die neuzeitliche Philosophie, von der Spätscholastik bis zu Kant, das Selbstverständnis der Moderne auch schon zum Ausdruck. Aber erst am Ende des 18. Jahrhunderts spitzt sich das Problem der *Selbstvergewisserung* der Moderne so zu, daß Hegel die Frage *als* philosophisches Problem, und zwar als *das Grundproblem* seiner Philosophie wahrnehmen kann. Die Beunruhigung darüber, daß sich eine vorbildlose Moderne aus den von ihr selbst hervorgebrachten Entzweiungen heraus stabilisieren muß, begreift Hegel als den ›Quell des Bedürfnisses der Philosophie‹. Indem die Moderne zum Bewußtsein ihrer selbst erwacht, entspringt ein Bedürfnis nach Selbstvergewisserung, das Hegel als das Bedürfnis nach Philosophie versteht. Er sieht die Philosophie vor die Aufgabe gestellt, *ihre* Zeit, und das ist für ihn die moderne Zeit, in Gedanken zu fassen. Hegel ist überzeugt, daß er den Begriff, den die Philosophie von sich selber ausbildet, unabhängig vom philosophischen Begriff der Moderne gar nicht gewinnen kann.«

Dabei begreift Hegel die Entzweiung, die für ihn in den »westlichen Norden« fällt, nicht nur als ein zu vermeidendes Übel, sondern als ebenso notwendig wie unvermeidlich. Sie ist nach Hegel ein konstitutiver »Faktor des Lebens, das ewig entgegensetzend sich bildet, und die Totalität ist in der höchsten Lebendigkeit nur durch Wiederherstellung aus der höchsten Trennung möglich«. Die Totalität oder, was dasselbe ist, das Absolute muß durch das Fegefeuer der Entzweiungen gegangen sein, wobei diese Entzweiungen für Hegel als ein Produkt der Kultur, genauer, der Bildung verstanden werden müssen, weil diese in ihrer geschichtlichen Entwicklung das paradoxe Resultat einer immer weiter fortschreitenden Entzweiung zeitigt. Je weiter die Bildung fortschreitet, desto größer »wird die Macht der Entzweiung, desto fester ihre klimatische Heiligkeit, desto fremder dem Ganzen der Bildung und bedeutungsloser die Bestrebungen des Lebens, sich zur Harmonie wiederzugebären«. Auch die moderne Religion ist dazu nicht mehr in der Lage. Sie hat nur bis zu einer »gewissen Stufe der Bildung [...] energisch sein können. Die fortschreitende Kultur hat sich mit ihr entzweit und sie *neben* sich oder sich *neben* sie gestellt; und weil der Verstand seiner sicher geworden ist, sind beide zu einer gewissen Ruhe nebeneinander gediehen, dadurch, daß sie sich in ganz abgesonderte Gebiete trennen, für deren jedes dasjenige keine Bedeutung hat, was auf dem anderen vorgeht.«

Es ist der seiner sicher gewordene Verstand, der das Individuum vom öffentlichen Leben und damit von den Grundlagen der Kultur entzweit, weshalb Hegel auch von einer »Verstandeskultur« spricht. Er ist es, der das Ganze zerreißt und die freigesetzten Teile in ihren Entgegensetzungen verrückt spielen läßt, so daß sich nun das Teil als das Ganze aufspielt. An dieser Kultur kritisiert er ihre Dualismen und den Versuch, dem Menschen den Zugang zum Absoluten zu versperren. Der Verstand stellt ein Gebäude von Begriffen zwischen den Menschen und das Absolute, die, obwohl von Menschen gemacht, selbst als etwas Absolutes verstanden werden. Philosophen wie Fichte und Reinhold, die alle auf Kants »Ich« zurückgingen, um eine sichere Grundlage zu finden, sind in Hegels Augen keine Überwinder der Verstandeskultur, sondern deren Verfestiger. Zwar suchten auch sie die Entzweiung des Lebens mit der philosophisch anvisierten Identität von Subjekt und Objekt zu überwinden, etwa wenn Fichte das »Ich« zum Prinzip erklärt, das das »Nicht-Ich« setzt und diese Setzung dann als sein Produkt begreift. Bei all ihren Überwindungsversuchen landeten sie jedoch immer wieder bei einer bloß subjektiven Subjekt-Objekt-Beziehung. So hat zwar Fichte im Anschluß an Kant mit der behaupteten »Identität von Ich = Ich«, die zugleich die Autonomie der Vernunft gegen jede äußere Autorität begründet, »das kühn ausgesprochen echte Prinzip der *Spekulation*« philosophisch auf den Begriff gebracht. (Hegel bezieht sich hier auf Fichtes *Grundlage der gesamten Wissenschaftslehre* von 1794, auf die *Grundlage des Naturrechts* von 1796 und auf das *System der Sittenlehre* von 1798.) Er hat dieses Prinzip aber immer nur von seiner subjektiven Seite gefaßt, nicht objektiv, weshalb es gelte, die subjektive Subjekt-Objekt-Beziehung zu ergänzen, und zwar durch ein »objektives Subjekt-Objekt, so daß das Absolute sich in jedem der beiden darstellt« und »vollständig sich nur in beiden zusammen findet«.

Genau hierin sieht Hegel Schellings historisches Verdienst: in der Ergänzung des subjektiven Subjekt-Objekts durch das objektive Subjekt-Objekt und in der philosophischen Begründung der absoluten Identität von Geist und Natur, Gott und Welt, Mensch und Gesellschaft. Anders als der dogmatische Idealismus, der die Aufhebung der Entzweiung dadurch bewerkstelligen will, »daß er das Objekt überhaupt leugnet und eins der Entgegensetzungen, das Subjekt in seiner Bestimmtheit, als das Absolute setzt«, geht Schelling vom »Prinzip der Identität« aus, das er zur Grundlage seiner Philosophie macht. Er löst die Aufhebung der Entzweiung nicht dadurch, daß er »eins der Entgegengesetzten vernichtet und das andere zu einem Unendlichen steigert«, sondern daß er ihre Identität als eine widersprüchliche Identität des »Entgegensetzens und Einsseins« faßt: als »*Identität der Identität und der Nichtidentität*« – womit *die spekulative Grundfigur* in ihrer endgültigen Gestalt formuliert ist, die sich wie ein roter Faden durch Hegels gesamtes Denken ziehen wird. »So gut die Identität geltend gemacht wird, so gut muß die Trennung geltend gemacht werden [...] Die Philosophie muß dem Trennen in Subjekt und Objekt sein Recht widerfahren lassen.« Und dies bedeutet, daß die Identität als eine »dialektische« aufzufassen ist, eben als »Identität der Identität und der Nichtidentität«.

Über den Gehalt dieser spekulativen Grundfigur gehen seit mehr als zweihundert Jahren die Meinungen auseinander. Während die einen mit Hegel den Gehalt dieser Figur als eine philosophische Entdeckung ersten Ranges verstehen und sie als die Geburtsstätte der Hegelschen Dialektik preisen, meinen die anderen, daß es sich hierbei um philosophischen Nonsens handele, um einen grammatisch erzeugten Schein, der sich vernünftig gar nicht verstehen, geschweige denn vertreten lasse. Und Hegel selbst war sich wohl auch bewußt, daß diese Figur seine Leser vor ganz besondere Schwierigkeiten stellt, meinte er doch, daß der, der das Absolute, das Ganze oder die Totalität denken will, es nur denken kann, wenn er es so denkt, daß es selbst ist und zugleich sein Gegenteil, daß es also mit dem, was es nicht ist, identisch ist – ein wahrlich schwindelerregender Gedanke. Es wird uns also nicht weniger zugemutet, als etwas zu denken, was zugleich es selbst und nicht es selbst ist: Eines und Nichteines, Allgemeines und Nichtallgemeines, Wesen und Wesenloses etc. Auch Hegel wußte, daß dies eine Zumutung ist, doch außerhalb dieser Zumutung sah er keine Möglichkeit, das wahre Ganze, d.h. das Absolute zu denken – als Alternative sah Hegel nur den Verzicht auf Philosophie, die, richtig verstanden, für ihn nichts anderes ist als der Versuch, die Identität der Identität und der Nichtidentität zu denken.

In der *Differenzschrift* erläutert Hegel die Philosophie Schellings, doch in der Art und Weise, wie er das tut, stecken bereits die in einer fast zehnjährigen Vorbereitungsperiode entstandenen Begriffe seines eigenen Systems, wobei die entscheidende Differenz in der Fassung des Begriffs des Absoluten zu sehen ist. Während Schelling nach wie vor auf die Versöhnungskraft der Kunst baut, auf die die Frankfurter Freunde einst ihre Hoffnung gesetzt hatten, meint Hegel, daß unter den Bedingungen der Moderne allein die Philosophie die Macht der Vereinigung sei, die alle aus der Reflexion hervorgegangenen Positivitäten überwindet und damit auch die modernen Entzweiungen kuriert, die auf das Konto ebendieser Reflexion gehen. Der ästhetischen Utopie, wie sie der *Differenzschrift* noch zugrunde liegt, gibt Hegel fortan keine Chance, weil er inzwischen davon überzeugt ist, daß in der Bildung des sich entfremdeten Geistes »die tiefere, ernste Beziehung lebendiger Kunst« keine Aufmerksamkeit mehr findet – womit er die berühmt-berüchtigte These vom »Ende der Kunst« aus der *Ästhetik* vorwegnimmt. Hegel will die wahre Identität aus dem Ansatz der Reflexionsphilosophie selbst entwickeln, und zwar so, daß die Vernunft, die die Reflexionsphilosophie auf den Verstand zurückschnitt, zwar als die Selbstbeziehung eines Subjekts gedacht wird, aber nun als eine Reflexion, die allen falschen Vereinseitigungen und Verabsolutierungen dialektisch entgegenwirkt und alles Positive und Verfestigte wegarbeitet. Das Absolute ist weder als Substanz noch als Subjekt zu fassen, sondern als ein dialektischer Prozeß der sich bedingungsfrei produzierenden Selbstbeziehung. Die *Differenzschrift* enthält nicht nur die spätere Idee der dialektisch vermittelten Subjekt-Objekt-Beziehung, sondern auch das, was man als »dialektische Methode« bezeichnet, die für Hegels Philosophie so charakteristisch ist. Sein Erstling war eine Abschlagszahlung auf das kommende System, das hier in den Grundzügen skizziert ist.

Die Phänomenologie des Geistes
Über die Bildung des Bewußtseins zur Wissenschaft

Arthur Schopenhauer hat von der *Phänomenologie* gesagt, daß, wenn man sie aufschlägt, ein Gestank aufsteige wie beim Öffnen des Fensters eines stinkenden Schweinestalls. Man könnte geneigt sein, in diesem abfälligen Urteil eine Art Retourkutsche zu sehen, mit der sich der von den Berliner Studenten verschmähte Privatdozent rächen wollte, weil diese statt zu ihm scharenweise zu Hegel liefen – der selbstbewußte Philosoph hatte seine Lehrveranstaltungen parallel zu denen Hegels gelegt, den er für besagte Schmach zeit seines Lebens mit bitterbösem Spott überzog. Aber auch wohlwollende Interpreten attestieren dieser Schrift, daß sie selbst für Fachleute »harte Kost« sei, weshalb alles, »was über oberflächliches Lesen hinausgeht, [...] eine Reihe von Lebensjahren« koste.

In der Tat, nur bei ganz wenigen Werken ist der Zugang so schwer wie hier. Die *Phänomenologie des Geistes* zählt zu den kompliziertesten und spekulativsten Büchern der Philosophiegeschichte. Dennoch gehört sie, der immer wieder bescheinigt wird, »große Literatur« zu sein, zu den wirkungsmächtigsten Werken überhaupt. Marx, Kierkegaard, Heidegger, Lukács, Bloch, Adorno und viele andere verdanken ihr wesentliche Anregungen. Und unter Philosophiestudenten gilt dieses kryptische Werk bis heute als ein »Muß«, was die Zahl der akademischen Qualifikationsarbeiten, die außer den Verfassern und ihren Betreuern keiner liest, ins Unermeßliche steigen läßt. Vermutlich gibt es kein zweites Buch, das exegetisch so ausgiebig traktiert wurde wie eben die *Phänomenologie des Geistes,* oftmals mit dem irritierenden Ergebnis, daß man gar nicht genau sagen könne, was Hegel eigentlich gemeint habe, weshalb man zunächst unter dem offiziellen, aber unverständlichen Text den inoffiziellen, aber verständlichen Subtext hervorziehen müsse – eine bizarre Vorstellung insofern, als Hegel vermutlich anders geschrieben hätte, hätte er etwas anderes gemeint als das, was er meinte, als er schrieb, was er meinte.

Sicher ist jedenfalls so viel, daß die *Phänomenologie* zu den schwierigsten Werken der Philosophie gehört. Ihr Anspruch ist es, »die Darstellung des erscheinenden Wissens« zu geben, von seinen ersten Anfängen bis hin zum Standpunkt des absoluten Wissens, der von Hegel auch der Standpunkt des Absoluten genannt wird – weshalb die *Phänomenologie* den

Untertitel trägt: *Wissenschaft der Erfahrung des Bewußtseins.* Sie ist als eine Einleitung in das System der Philosophie durch die Geschichte der Erfahrung des Bewußtseins gedacht, die dieses auf dem Weg der »*Bildung* des Bewußtseins selbst zur Wissenschaft« von sich macht. Dieser Bildungsprozeß, von Ernst Bloch nicht ganz zu Unrecht mit Goethes *Faust* verglichen, in dem Faust auf einem Zaubermantel durch die Reiche getragen wird, die er lernend und erfahrend durchfährt und dabei die Welt und sich selbst kennenlernt, führt uns die verschiedenen Stufen der Selbstwerdung des Bewußtseins von seinen ersten Anfängen bis zum Standpunkt des Absoluten vor Augen. Die *Phänomenologie des Geistes* ist nach Hegel »der Weg der Seele, welche die Reihe ihrer Gestaltungen, als durch die Natur ihr vorgesteckter Stationen, durchwandert, daß sie sich zum Geiste läutere, indem sie durch die vollständige Erfahrung ihrer selbst zur Kenntnis desjenigen gelange, was sie an sich selbst ist«.

Ursprünglich wollte Hegel eigentlich »das ganze System der Philosophie« darstellen. Daraus wurde jedoch nichts. Die *Phänomenologie*, die uns bis zum Standpunkt des absoluten Wissens führt, stellt lediglich den »ersten Teil« desselben dar, weshalb Hegel im Wintersemester 1806/07 auch Logik und Metaphysik »mit vorangegangener Phänomenologie des Geistes« vortrug. In dem als Einleitung in das System geplanten, nun als ersten Teil des Systems angekündigten Text will Hegel zeigen, daß die Destruktion des Verstandesdenkens notwendig auf den Standpunkt des vernünftigen Denkens oder, was dasselbe ist, auf den »Standpunkt der Spekulation« führen muß, weshalb das Resultat der *Phänomenologie* dann auch den Ausgangspunkt der Logik bildet, inklusive einer wissenschaftliche Sicht auf den Gang dorthin. »Weil nun diese Darstellung nur das erscheinende Wissen zum Gegenstande hat, so scheint sie selbst nicht die freie, in ihrer eigentümlichen Gestalt sich bewegenden Wissenschaft zu sein, sondern sie kann von diesem Standpunkt aus als der Weg des natürlichen Bewußtseins, das zum wahren Wissen dringt, genommen werden.« Erst hier hat das Wissen »das Element der Wissenschaft, das ihr reiner Begriff ist«, erreicht. So ist die *Phänomenologie* eine Einleitung in das System und gleichzeitig der erste Teil desselben, weshalb Ludwig Feuerbach meinte: »Das Sein, womit die Logik beginnt, hat einerseits die Phänomenologie, andererseits die absolute Idee zu Voraussetzung.« Was dem natürlichen Bewußtsein als eine »verkehrte«, auf den Kopf gestellte Welt erscheint, gilt Hegel als Voraussetzung eines Philosophierens, das mit dem Anspruch, ein wissenschaftliches zu sein, tatsächlich Ernst macht.

Dabei geht er von der Voraussetzung aus, daß sich die gesamte Wirklichkeit als Selbstdarstellung der Vernunft begreifen läßt, wobei dieser Vernunftbegriff eine »erkenntnistheoretische« und eine »ontologische« Dimension hat. Vernunft ist nicht mehr nur der Name für ein spezifisches menschliches Erkenntnisvermögen, sondern auch der Name für eine Primärstruktur, die allen in irgendeinem Sinne wirklichen Sachverhalten zugrunde liegt. Hegel denkt die Vernunft als eine Einheit von Denken und Sein, die, folgen wir ihm, dasselbe sind, weshalb er auch sagt, daß allein das Vernünftige wirklich und das Wirkliche vernünftig sei. In gewisser Hinsicht kann man sogar sagen, daß der Versuch, das Vernünftige als wirklich und das Wirkliche als vernünftig zu erweisen, Hegels einziges philosophisches Ziel darstellt. Die Wirklichkeit lasse sich nur vernünftig begreifen, wenn wir sie als vernünftig begreifen. »Denn das *was ist*, ist die Vernunft.«

Diese Identität von Denken und Sein erläutert Hegel als einen Prozeß der Selbstrealisation der Vernunft, der über verschiedene Stufen führt. Indem sich das Bewußtseins bis zum Standpunkt des absoluten Wissens hocharbeitet, kommt die Vernunft zu sich. Diesen Prozeß erzählt Hegel als die Geschichte einer dialektischen Subjekt-Objekt-Beziehung, in der sich das Subjekt durch sein jeweiliges Objekt und das Objekt durch sein jeweiliges Subjekt berichtigt, wobei sie immer neue und immer höhere Stufen der Selbsterkenntnis erklimmen, bis am Ende das Subjekt alles, was ihm äußerlich war, durcherfahren hat. Hegel, der in den *Vorlesungen über die Geschichte der Philosophie* sagt, daß man in der Philosophie gut beraten sei, wenn man sich auf den »Standpunkt des Spinozismus« stellt, weil dieser »der wesentliche Anfang alles Philosophierens« sei – »Wenn man anfängt zu philosophieren, so muß man Spinozist sein. Die Seele muß sich baden in diesem Äther der einen Substanz, in der alles, was man für wahr gehalten hat, untergegangen ist« –, meint, daß Spinozas »absolute Substanz das Wahre« ist, aber eben »noch nicht das *ganze* Wahre, sie muß auch *in sich tätig, lebendig* gedacht werden und eben dadurch sich als Geist bestimmen«. Nicht das Subjekt ist das erste, wie bei Kant, sondern die Substanz, wie bei Spinoza, die jedoch, und das soll der Dreh- und Angelpunkt sein, selbst als Subjekt gedacht werden müsse, was Hegel in der berühmten Formulierung zusammengefaßt hat, daß »das Wahre nicht als *Substanz,* sondern ebensosehr als *Subjekt* aufzufassen und auszudrücken« sei.

In der Terminologie der späten Arbeiten lassen sich drei Sphären unterscheiden, die das Bewußtsein auf seinem Weg zum absoluten Wissen durchschreitet: die des »subjektiven«, des »objektiven« und des »absoluten Geistes«. Die ersten fünf Kapitel widmen sich der Analyse des individuellen Bewußtseins. Auch hier finden wir wieder die für Hegel typische dreigliedrige Struktur: Bewußtsein, Selbstbewußtsein und Vernunft. Die erste Stufe des Bewußtseins ist die der

»sinnlichen Gewißheit«. Sie scheint die reichste Stufe der Erkenntnis zu sein, weil unsere Sinnesorgane den Kontakt zur Welt der raum-zeitlich identifizierbaren Dinge vermitteln – »hier« und »jetzt« sind die allgemeinen Bestimmungen dieser Haltung. In Wahrheit ist sie aber die ärmste, weil »das Bewußtsein [...] in dieser Gewißheit nur reines Ich« ist, ohne alle Bestimmungen, einfach »reines Sein«. Aus dem »Jetzt« der Nacht wird das »Jetzt« des Tages, aus dem »Hier« der Wand, so man sich umdreht, das »Hier« des Hauses, wobei diese Stufe durch die der »Wahrnehmung« überschritten wird, auf der das Ding nicht mehr nur in seiner puren Faktizität, sondern als Ding mit Eigenschaften aufgefaßt wird. Und da wir einem Ding nicht nur eine Eigenschaft zusprechen können, sondern eine unendliche Mannigfaltigkeit, folgert Hegel, daß sich hier ein Widerspruch auftut: Einerseits ist das Ding ein einzelnes, andererseits besitzt es allgemeine Merkmale, weshalb der Widerspruch auf der nächsten Bildungsstufe durch den »Verstand« aufgelöst wird. Der Verstand erscheint hier als begreifendes Bewußtsein, das auf das Innere der Dinge, auf die Gesetze und damit auf die übersinnliche Welt gerichtet ist. Der Gegenstand ist für das Bewußtsein ein »reflektierter« oder gedoppelter mit den Unterscheidungen von Innen und Außen, Kraft und Äußerung, Wesen und Erscheinung. Charakteristisch für diese Stufe ist, daß einerseits das Innere des Gegenstandes ein nicht- oder übersinnliches Jenseits sein soll, das andererseits als ein sinnliches sich darstellt, so daß sich das Bewußtsein in Widersprüche verwickelt, durch die es auf die nächste Bildungsstufe fortgetrieben wird.

Diese ist die Stufe des »Selbstbewußtseins«. »Das Bewußtsein hat in dem Selbstbewußtsein, als dem Begriff des Geistes, seinen Wendepunkt, auf dem es aus dem farbigen Schein des sinnlichen Diesseits und aus der leeren Nacht des übersinnlichen Jenseits in den geistigen Tag der Gegenwart einschreitet.« Mit dem »Erkennen dessen, *was das Bewußtsein weiß, indem es sich selbst weiß*«, hebt die eigentliche Geschichte des Geistes als eine Geschichte des Selbstbewußtseins an. Denn hier entsteht erstmals der Begriff des Geistes für uns, weshalb Hegel auch sagt, daß wir mit dem Selbstbewußtsein »in das einheimische Reich der Wahrheit eingetreten« sind. Das Bewußtsein hat als Selbstbewußtsein nun einen doppelten Gegenstand: den, auf den es in der sinnlichen Gewißheit bezogen ist, und sich selbst, der »das wahre Wesen und zunächst nur erst im Gegensatze des ersten vorhanden ist«. Damit wird auf dieser Stufe auch erstmalig das Ganze als das Wahre erfaßt – aber als ein Ganzes, das zerrissen ist. Es ist eine entzweite Totalität, in der sich das Selbstbewußtsein wiederfindet, womit Hegel den Übergang von der theoretischen in die praktische Philosophie vollzieht. Jedes Selbstbewußtsein steht dem anderen Selbstbewußtsein antagonistisch gegenüber. Und kein Akt der Versöhnung vermag den sich hier auftuenden Gegensatz aus der Welt zu schaffen. Das Selbstbewußtsein kann *»seine Befriedigung nur in einem anderen Selbstbewußtsein«* finden, vorausgesetzt, es wird von dem anderen Selbstbewußtsein anerkannt. Diese Anerkennung ist aber ausgeschlossen, weshalb die Beziehung der sich antagonistisch gegenüberstehenden Selbstbewußtseine in einen »Kampf auf Leben und Tod« übergeht.

Das Resultat dieses Kampfes ist der berühmte Gegensatz von Herr und Knecht, also zwischen dem Selbstbewußtsein, das sich in diesem Kampf behauptet, und dem, das sich unterwirft, um am Leben zu bleiben. Der, der im Kampf kühn ist und den Tod nicht fürchtet, wird zum Herrn, während der, der bereit ist, zu dienen und im Schweiße seines Angesichts den Lebensunterhalt seines Herrn zu erarbeiten, zum Knecht wird. Was folgt, ist die Geschichte dieser kurzen Beziehung: Der Herr zwingt den Knecht, für ihn zu arbeiten. Er schiebt quasi den Knecht zwischen sich und die zu bearbeitenden Dinge, die er selbst nicht formiert, sondern nur konsumiert. Die dialektische Ironie besteht nun darin, daß sich der Herr auf diese Weise nur mit der unselbständigen Seite der Dinge zusammenschließt – die selbständige hat er ja dem Knecht überlassen, der sich an ihnen abarbeitet –, so daß sich am Ende das herrische Bewußtsein als knechtisches und das knechtische Bewußtsein als herrisches herausstellt. Der Knecht bearbeitet nämlich nicht nur den Gegenstand. Bei der Arbeit erwacht auch sein Selbstbewußtsein, und durch sie kommt er buchstäblich »zu sich selbst«. Nicht mehr der nur genießende Herr ist jetzt der Herr, sondern der produzierende Knecht – womit der Widerspruch durch die Umkehr der Dominanz gelöst ist. Das Selbstbewußtsein wird buchstäblich durch Arbeit zur Welt gebracht – also nicht dadurch, daß wir in uns hineinschauen oder einen Kurs in positivem Denken absolvieren, wie das heute immer öfter behauptet wird.

Diese Passage hat Marx vermutlich vor Augen gehabt, als er daranging, die Dialektik von Herr und Knecht als eine Dialektik von Kassenkämpfen zu rekonstruieren, die durch den Selbsterzeugungsprozeß der Gattung durch Arbeit in die Welt treten. Er deutet Hegel so, als hätte dieser, entgegen seinem eigenen Idealismus, materialistische Dialektik bezeugt. »Das Große an der Hegelschen ›Phänomenologie‹ und ihrem Endresultate – der Dialektik der Negativität als dem bewegenden und erzeugenden Prinzip – ist [...], daß Hegel die Selbsterzeugung des Menschen als einen Prozeß faßt, die Vergegenständlichung als Entgegenständlichung, als Entäußerung und als Aufhebung dieser Entäußerung; daß er also das Wesen der *Arbeit* faßt und den gegenständlichen Menschen, wahren, weil wirklichen Menschen, als Resultat seiner *eigenen Arbeit* begreift.« Aus der Selbsterzeugung des absoluten Geistes wird derart die Selbsterzeugung des Menschen durch Arbeit und aus dem Fürsichwerden des Geistes eine von Klassenkämpfen durchtobte Geschichte. Marx, der sich vorgenommen hatte, Hegel umzustülpen, um so den rationellen Kern der Hegelschen Dialektik von ihrer idealistischen Hülle zu sondern, hat zeit seines Lebens daran festgehalten, daß der Bildungsprozeß der Gattung nach dem Hegelschen Modell der Selbstentäußerung als Selbsterzeugung in und durch Arbeit gedacht werden könne, wodurch innerhalb des Marxismus die Beziehung zwischen handelndem Subjekt und der Welt der manipulierbaren Gegenstände derart privilegiert wurde, daß Marx schließlich alle anderen Formen der gesellschaftlichen Anerkennung auf diese eine Form zurückschnitt – was man bei Hegel selbst so nicht findet.

Bei ihm geht die Geschichte ja weiter, und zwar mit dem negativen Verhältnis von Herrschaft und Knechtschaft, das durch den Stoizismus repräsentiert wird, der historisch erscheint in der »Zeit einer allgemeinen Furcht und Knechtschaft, aber auch einer allgemeinen Bildung, welche das Bilden bis zum Denken gesteigert hatte«. Der Stoiker, der sich unabhängig von seiner Lage in der Welt frei glaubt, leidet an einem inneren Widerspruch: Da er sich aus der Wirklichkeit in das freie Denken zurückgezogen hat, führt er die Negation des Seins nicht zu Ende, weshalb auch die Welt bleibt, wie sie ist. Dies ruft den Skeptiker auf den Plan, der die Negation der Wirklichkeit zur logischen Vollendung bringt. Dabei entsteht zwar das, was Hegel das »sichselbstgleiche Selbstbewußtsein« nennt, das seiner selbst absolut gewiß ist, das aber aus einem »Gemisch von sinnlichen und gedachten Vorstellungen« besteht, deren Unterschiede zusammenfallen, weshalb dieses Bewußtsein auch nur ein »verworrenes und verwirrtes Bewußtsein« ist.

Abgelöst wird der Skeptizismus durch das »unglückliche Bewußtsein«, das die höchste Form des Selbstbewußtseins darstellt. Gemeint ist das Christentum, dessen Widerspruch sich darin ausdrückt, daß für den Christen das Bewußtsein seines irdischen Daseins nur das Leiden an diesem Dasein ist. Durch Verzicht auf alles Irdische und durch Selbstabtötung der Begierden sucht das Selbstbewußtsein seine irdische Wandelbarkeit zu tilgen und sich auf diesem Wege mit dem Ewigen zu vermitteln. Einerseits ist für den Christen die Wirklichkeit nichtig, andererseits ist ihm diese Wirklichkeit eine geheiligte, ein Widerspruch, der als Bewegung einer unendlichen Sehnsucht gefühlt wird. Gleichwohl wird dem unglücklichen Bewußtsein die Beschränktheit des Einzelnen und der Gedanke des Allgemeinen bewußt, womit der Geist den Übergang vom Selbstbewußtsein zur Vernunft vollzieht.

Diese Vernunft erscheint wiederum als eine dreifache: als »beobachtende Vernunft«, als »Verwirklichung des vernünftigen Selbstbewußtseins durch sich selbst« und als »Individualität, welche sich an und für sich reell ist«. Der Geist entdeckt, daß das irdische Diesseits kein Unglück ist, das im Jenseits aufgehoben werden müßte. Die bestehende Welt, wie sie ist, wird dem Denken der Vernunft zu seiner »eigenen Wahrheit und Gegenwart«, weshalb es sicher ist, »nur sich darin zu erfahren«. Gemäß der spekulativen Grundfigur, der zufolge das Bewußtsein als Gegenstandsbewußtsein die Einheit von Bewußtsein und Selbstbewußtsein ist, erscheint schließlich die Vernunft als Selbstbewußtsein, das sich seiner selbst als Einheit von Selbst- und Gegenstandsbewußtsein bewußt ist – eine Stufe, die historisch mit dem Idealismus Fichtes erreicht ist. »Die Vernunft ist die Gewißheit des Bewußtseins, alle Realität zu sein; so spricht der Idealismus ihren Begriff aus. Wie das Bewußtsein, das als Vernunft *auftritt, unmittelbar* jene Gewißheit an sich hat, so spricht auch der *Idealismus* sie *unmittelbar* aus: Ich bin Ich.« Hegel ist an der Stelle angekommen, an der er einst in der *Differenzschrift* die Differenz zwischen dem alten und dem neuen Idealismus herausgearbeitet hatte, wobei er mit dem Ende der Vernunft den Standpunkt des Geistes präsentiert, der als »sittliche Wirklichkeit« vorgestellt wird.

Diese Präsentation des Geistes weicht jedoch von der bisherigen dialektischen Analyse der Bewußtseinsgestalten insofern ab, als Hegel hier unvermittelt zu geschichts- und sozialphilosophischen Überlegungen übergeht, die beanspruchen, den philosophischen Gehalt der Vorgeschichte der Gegenwart für die Erfahrung des zeitgenössischen Bewußtseins zu ermitteln. Und da sich der Begriff »Geist« auf das »sittliche Leben eines Volkes« bezieht, können wir für dieses Wort auch den Begriff »Kultur« einsetzen. Im Geistkapitel finden wir Hegels Kulturphilosophie, die in der Hegel-Literatur auch als »spekulative Kulturphilosophie« bezeichnet wird, weil sich hier gemäß der spekulativen Grundfigur der Holismus des Bewußtseins zum kulturellen Holismus erweitert. Die These vom Primat des Ganzen gegenüber seinen Teilen wird von Hegel auf die Kultur übertragen, die gegenüber dem Individuum den Primat hat – womit Hegel nicht nur die Auffassung als haltlos zurückweist, die Kultur lasse sich als das Werk atomisierter Individuen verstehen, sondern auch die von Kant und Fichte vertretene Forderung nach einer sittlichen Gesetzgebung und -prüfung aus reiner Vernunft.

Drei Schritte legt der Geist auf der Stufe der Sittlichkeit zurück. Zunächst erscheint die unbefangene Sitte der antiken Welt, die als eine schöne, natürliche Unmittelbarkeit vorgestellt wird. Diese Welt, deren exemplarischen Ausdruck Hegel in der *Antigone* des Sophokles sieht, mußte jedoch an ihren inneren Widersprüchen zugrunde gehen, doch so, daß sie durch das römischen Recht aufgehoben wurde: Die antike Sittlichkeit ist in der »formalen Allgemeinheit des Rechts« untergegangen. Es ist eine Welt, in der Allgemeines und Besonderes auseinandergerissen sind, eine »Welt des sich entfremdeten Geistes«. Diese Entfremdung, die auch als »Entzweiung« charakterisiert wird, wie sie bereits in der *Differenzschrift* zum Signum der Moderne erklärt wurde, gehört der Welt der Bildung bzw. der Aufklärung an. Ihre Auswüchse findet sie in der Französischen Revolution und dem jakobinischen Terror, der sich im Kampf mit dem »Aberglauben« aus dem sittlichen Sein entfernt hat und es einfach umkehrt, weshalb Hegel auch von der »Verkehrung aller Begriffe und Realitäten« spricht. Hegel, der hier vorführt, wohin der Ausbruch einer schrankenlosen negierenden Freiheit führt, nämlich in einen »absoluten Schrecken« – in diesem Sinn gibt dieses Kapitel einen Vorgeschmack auf die schrecklichen Resultate der weltanschaulichen Erlösungsphantasien eines Lenin und Trotzki –, hat sich deshalb jedoch nie dazu bewegen lassen, der Französischen Revolution ihre Legitimität abzusprechen. Darin unterscheidet er sich von den Romantikern, die nach dem Terror der Jakobiner in den Schoß der politischen Reaktion zurückkehrten. Daß aber die »Furie des Verschwindens«, die buchstäblich alles in dieser Welt umwälzen will, gebändigt werden muß, daß eine Freiheit von jeder Form der Sittlichkeit Mord und Totschlag zur bürgerlichen Normalform werden läßt, das hat Hegel hier überzeugend dargetan. Überwunden wird die Welt der Bildung durch die moralische Überzeugung und ihre Welt. Das Negative an dieser Welt ist auch hier wieder ihre bloße Innerlichkeit. Sie erscheint als Verstellung und als tatenloses Gewissen, als »schöne Seele«, wie es im *Wilhelm Meister* heißt. Sie, die sich edel und gut dünkt, erscheint bei Hegel als dekorativ und böse, als eine pharisäische Nonne der Sittlichkeit. Ihr Positives ist jedoch, daß diese Welt die Welt des »seiner selbst gewissen Geistes der Moralität« ist, die sich als eine Art zweites Athen auf der Basis der Innigkeit versteht.

Damit erreicht der Geist die vorletzte Stufe, die Stufe der Religion, die hier noch die Kunst einschließt – später, in der *Enzyklopädie*, wird Hegel die Kunst vor der Religion und der Philosophie als die erste Gestalt des absoluten Geistes vorstellen. Sie sieht das Absolute zwar als Absolutes, aber noch in getrennten Gestalten. Die Religion beginnt als natürliche, dann folgt die orientalische und die griechische, die Hegel Kunstreligion nennt. Sie geht in die geoffenbarte Religion bzw. in das Christentum kraft der Menschwerdung Gottes über. Die Götter sind vergangen, Gott selbst gestorben – jedoch in einem freiwilligen Opfertod, den die offenbar gewordene Religion erträgt und durch ihn fortlebt. Im Unterschied zur Kunstreligion der Griechen, der die »Kraft des Geistes« fehlt, tritt diese Kraft hier hervor, und zwar »aus der Zermalung der Götter und Menschen«: Golgatha ist die »Geburtsstätte des als Selbstbewußtsein werdenden Geistes«.

Mit dem Christentum beginnt sich das Programm der *Phänomenologie* zu erfüllen, das die ganze Unruhe des phänomenologischen Bewußtseins treibt. Substanz ist im Begriff, Subjekt zu werden. Noch aber ist sie es nicht. »Der Geist der offenbaren Religion hat sein Bewußtsein als solches noch nicht überwunden oder, was dasselbe ist, sein wirkliches Selbstbewußtsein ist nicht der Gegenstand seines Bewußtseins; er selbst überhaupt und die in ihm sich unterscheidenden Momente fallen in das Vorstellen und in die Form der Gegenständlichkeit.« Auch diese muß weggearbeitet werden, damit der Geist reiner Geist wird.

Das geschieht auf der letzten Stufe, der des absoluten Wissens, wo die Reise endet. Die durchdialektisierte Subjekt-Objekt-Beziehung hat alles Gegenständliche verdampft und das Objekt aufgehoben. Kein Erdenrest bleibt mehr. Der Geist ist reiner Geist und weiß sich als solcher. Das Ziel ist erreicht. »*Das Ziel*, das absolute Wissen oder der sich als Geist wissende Geist, hat zu seinem Wege die Erinnerung der Geister, wie sie an ihnen selbst sind und die Organisation ihres Reiches vollbringen. Ihre Aufbewahrung nach der Seite ihres freien, in der Form der Zufälligkeit erscheinenden Daseins ist die Geschichte, nach der Seite ihrer begriffenen Organisation aber die *Wissenschaft des erscheinenden Wissens*; beide zusammen, die begriffene Geschichte, bilden die Erinnerung und die Schädelstätte des absoluten Geistes, die Wirklichkeit, Wahrheit und Gewißheit seines Throns, ohne den er das leblose Einsame wäre; nur –

aus dem Kelche dieses Geisterreiches
schäumt ihm seine Unendlichkeit.«

Es ist eine der berühmtesten Abschließungen in der philosophischen Literatur. Der Wein ist gekeltert, und die Weltgestalten sind die Kelche, die ihn fassen. Die idealistische, zum Geist aufsteigende Hierarchie erscheint im Jubelbild des aufschäumenden Champagners, der geistig, allzugeistig, seinen Stoff hinwegbraust. Und so endet im Grunde die *Phänomenologie des Geistes*, wie sie begann: mit der These, daß das Wahre das Ganze und das Ganze das Absolute sei, weshalb dieses Kapitel auch mit einem resümierenden Rückblick auf den gesamten Prozeß der Erfahrung des Bewußtseins schließt. Der Geist hat seine eigene Bildungsgeschichte begriffen und sich als das Absolute erfaßt, was nach Hegel zwei Seiten einer Medaille sind. Und die These wiederholend, daß der Geist auf dem Weg der Erfahrung und der

Bildung alle seine Entäußerungen weggearbeitet hat, steht am Schluß die Ankündigung eines ganzen philosophischen Systems als einer Wissenschaft der Logik, der Natur und der Geschichte, zu dem die *Phänomenologie* als »Wissenschaft der Erfahrung des Bewußtseins« als einführender Teil konzipiert wurde.

Nürnberg

Am Ende der Jenaer Zeit stand die *Phänomenologie des Geistes*, die Hegel hier noch als die Einleitung in das künftige philosophische System begriff, weshalb er in einer Selbstanzeige sagt: »Ein zweiter Band wird das System der Logik als spekulativer Philosophie, und der zwei übrigen Teile der Philosophie, die Wissenschaften der Natur und des Geistes enthalten.« Mit dieser Schrift, die buchstäblich »unter dem Donner der Schlacht von Jena vollendet« wurde, ging diese Schaffensperiode zu Ende.

Im März 1807 verließ er Jena, um die Redaktion der *Bamberger Zeitung* zu übernehmen, nachdem er Goethe zuvor um Beurlaubung von seinen Sommervorlesungen gebeten hatte. Nicht nur die schlechten wirtschaftlichen Bedingungen bewogen Hegel, von Jena wegzuziehen, es war vor allem auch der intellektuelle Aderlaß, der ihn wegtrieb. Alle hervorragenden Geister hatten der Stadt inzwischen den Rücken gekehrt. Novalis war 1801 gestorben, Schlegel und Tieck hatten Jena verlassen, Schiller war nach Weimar gegangen, Fichte nach Berlin und Hufeland und Schelling nach Würzburg. Hinzu kam, daß mit Schellings Weggang das *Kritische Journal* sein Erscheinen eingestellt hatte, so daß Hegel neben den willkommenen Einnahmen auch das streitbare Forum fehlte, das er so dringend zur Verbreitung seiner Ideen benötigte.

Für die nächsten zwanzig Monate wurde Hegel »Zeitungsschreiber«. Er erhoffte sich von diesem Job nicht nur eine Verbesserung seiner miserablen finanziellen Verhältnisse, sondern auch eine größere Freiheit für seine wissenschaftliche Fortbildung. Doch schon bald geriet das Blatt in die Schußlinie der obrigkeitsstaatlichen Kritik. Unter dem Vorwand, Militärgeheimnisse preisgegeben zu haben, wurde die Zeitung von München aus unter Zensur gestellt – was Hegel mit der Kündigung quittierte. Er nahm den Posten eines Rektors an einem Gymnasium in Nürnberg an. Niethammer, inzwischen zum Hauptverantwortlichen der bayerischen Unterrichts- und Erziehungsanstalten avanciert, legte eine Reformprogramm auf, das dem Sprachstudium, der Mathematikausbildung und dem Philosophieunterricht an Gymnasien einen bisher nicht gekannten Stellenwert einräumte. Ohne zu zögen, nahm Hegel am 4. November 1808 die von Niethammer vermittelte Stelle an. Er war vollauf zufrieden. Sein Gehalt belief sich auf 900 Gulden, später erst würde sich zeigen, daß die Zahlungsmoral seines neuen Landesfürsten auch nicht die beste war, so daß er nicht selten mehrere Monate auf sein Gehalt warten mußte. Als Rektor wurden ihm zudem 100 Gulden Aufwandsentschädigung und freie Wohnung gewährt.

Und so beschloß der Philosoph, seinem Leben als Junggeselle ein Ende zu bereiten – was Hegel wie ein typischer Gelehrter ins Werk setzte. Kurzerhand wandte er sich an Niethammer und erklärte ihm in einem Brief, daß es an der Zeit sei, eine »Frau zu nehmen oder vielmehr zu finden!!«. Hegel, der philosophische Vermittlungsdenker, suchte für die banalen Probleme des Alltags einen praktischen Vermittler, weil er meinte, ohne Beistand keine Frau finden zu können, eine in philosophischen Kreisen nicht eben selten zu beobachtende Haltung. Und weiter heißt es: »Wäre nur die beste Frau hier, ich würde nicht ruhen, sie zu bitten, daß sie sich dazu verstünde, mir eine zu verschaffen; denn zu jemand anderem hätte ich dies Zutrauen nicht, am wenigsten zu mir selber. – Ich bin nächstes 40 Jahre alt und ein Schwabe; ich weiß daher nicht eigentlich, ob ich nicht geschwind vorher noch [...] diesen Schritt zu tun habe, weil er nachher nicht mehr erlaubt wäre.«

Der von Hegel nicht geschätzte Zufall wollte es, daß er weder die Vermittlung Niethammers noch dessen Frau brauchte. Er fand den Weg in den Hafen der Ehe ganz allein. Es war Maria von Tucher, die älteste Tochter eines ehemaligen Senators der alten Reichsstadt Nürnberg, die in sein Leben trat. Mitte April 1811 verlobte er sich mit der über zwanzig Jahre Jüngeren. Kurz vor Toresschluß hatte es Hegel anscheinend erwischt. Überwältigt von seinen Gefühlen, schrieb er im Stile eines verliebten Oberprimaners:

An Marie.
Du mein! Solch' Herz darf mein ich nennen!
In Deinem Blick
Der Liebe Wiederblick erkennen,
O Wonne, o höchstes Glück!

Am 15. September 1811 fand die Hochzeit statt, und bald schon wurden dem Paar die Söhne Karl und Immanuel geboren. Hegel war überglücklich. »Ich habe damit im ganzen [...] mein irdisches Ziel erreicht, denn mit einem Amte und einem lieben Weibe ist man fertig in dieser Welt.« Ihre Ehe, die bis zu Hegels Tod in ungetrübtem Glück und gegenseitiger Lieber dauerte, führten die beiden so, wie es Hegel später in der *Rechtsphilosophie* beschrieb: Der Mann hat »im Staate, der Wissenschaft [...] und sonst im Kampfe und der Arbeit mit der Außenwelt« »sein wirkliches substantielles Leben«, und das Weib, das »passive und subjektive«, hat in der »*Pietät* ihre sittliche Gesinnung«.

Hegel war am Ziel seiner Wünsche angelangt, zumal er

auch als Pädagoge außerordentlich erfolgreich war und von seinen Schülern geschätzt und anerkannt wurde, obwohl er ihnen in philosophischer Hinsicht weit mehr zumutete, als es heute auf Gymnasien Usus ist. In einem Gutachten über den Philosophieunterricht von 1812 heißt es in Übereinstimmung mit seinen philosophischen Überzeugungen: »Was den Vortrag der Philosophie auf Gymnasien betrifft, so ist erstens die *abstrakte Form* zunächst die Hauptsache. Der Jugend muß zuerst das Sehen und Hören vergehen, sie muß vom konkreten Vorstellen abgezogen, in die innere Nacht der Seele zurückgezogen werden, auf diesem Boden sehen, Bestimmungen festhalten und unterscheiden lernen. Ferner, *abstrakt lernt man denken* durch abstraktes Denken. Man kann nämlich entweder vom Sinnlichen, Konkreten anfangen wollen, und dieses zum Abstrakten durch Analyse heraus und hinaufpräparieren, so, – wie es scheint, – den *naturgemäßen* Gang nehmen, wie auch so vom Leichtern zum Schwereren aufsteigen. Oder aber man kann gleich vom Abstrakten selbst beginnen, und dasselbe an und für sich nehmen, lehren und verständlich machen. *Erstlich*, was die Vergleichung beider Wege betrifft, so ist der erste gewiß *naturgemäßer*, aber darum der *unwissenschaftliche* Weg. [...] *Zweitens* ist es ein völliger Irrthum, jenen naturgemäßen, beim *konkreten* Sinnlichen anfangenden und zum Gedanken fortgehenden Weg für den *leichteren* zu halten. Er ist im Gegentheil der schwerere; wie es leichter ist, die Elemente der Tonsprache, die einzelnen Buchstaben, auszusprechen und zu lesen, als ganze Worte. – Weil das Abstrakte das Einfachere ist, ist es leichter aufzufassen. Das konkret sinnliche Beweisen ist ohnehin wegzustreifen; es ist daher überflüssig, es vorher zu nehmen, da es wieder weggeschafft werden muß, und es wirkt nur *zerstreuend*.«

Für Hegel, der hier die Kritik an der sinnlichen Gewißheit

wiederholte, wie er sie in der *Phänomenologie* bereits vorgeführt hatte, war klar: Der Weg zum Absoluten – und damit zum Wahren – führt nicht über das vermeintlich Konkrete, also das, was sich sehen, riechen, schmecken und hören läßt, das ihm vielmehr als das gänzlich Leere galt. Der Weg zum Absoluten kann nur über das Denken führen, und zwar über das »abstrakte Denken«, das allein den Gegenstand in seiner widersprüchlichen, mithin dialektischen Form denkt: als Einheit von Gegensätzen – ein Gedanke, der in der *Wissenschaft der Logik* konkretisiert wird.

Die Vorarbeiten zu diesem Werk reichten bis nach Jena zurück. Später fragte Niethammer, ob Hegel nicht eine Logik für den Gymnasialunterricht schreiben könnte, was dieser zunächst mit dem Argument ablehnte, solch eine Wissenschaft lasse sich »nicht in einem Lehrbuch für Gymnasien vortragen«. »Es kann den Lehrern nicht ein Buch in die Hand gegeben werden, das ihnen so fremd wäre als den Schülern.« Inzwischen hatte er jedoch seine Meinung geändert. Mit Rekurs auf seine Unterrichtshefte, die schon ganz die Struktur dieser neuen Wissenschaft aufweisen, arbeitete er zielstrebig an der Fertigstellung dieses Werks. Fünf Jahre nach dem Erscheinen der *Phänomenologie* begann der Druck. »An meiner Logik«, ließ er Niethammer im Februar 1812 wissen, »sind 9 Bogen gedruckt. Vor Ostern sollen vielleicht noch 20 mehr gedruckt werden. [...] Es ist keine Kleinigkeit, im ersten Semester seiner Verheuratung ein Buch des abstrusesten Inhalts von 30 Bogen zu schreiben. – Aber injuria temporum! Ich bin kein Akademikus; zur gehörigen Form hätte ich noch ein Jahr gebraucht, aber ich brauche Geld, um zu leben.«

Noch im selben Jahr erschien das erste Buch des ersten Bands, »Die Lehre vom Sein«, und das Jahr darauf das zweite Buch des ersten Bandes, »Die Lehre vom Wesen«.

Beide umfassen die objektive Logik. 1816 kam der zweite Band heraus: »Die Lehre vom Begriff«, die die subjektive Logik darstellt. Die *Wissenschaft der Logik* ist Hegels zweites bedeutendes Werk. Sie sollte »dem unwürdigen Schauspiel ein Ende bereiten, daß ein gebildetes Volk ohne Metaphysik, wie ein sonst mannigfaltig ausgeschmückter Tempel ohne Allerheiligstes sei« – wenn ein Volk seine Metaphysik verliert, dann verliert es den Bezug zu seinen geistigen Wurzeln. Und auch hier riecht es wieder nach Hexenküche.

Die Wissenschaft der Logik
Über den dialektischen Logos

Theodor W. Adorno, der bestimmt nicht der schlechteste Hegel-Kenner war, wußte gar nicht recht, worum es in der *Wissenschaft der Logik* eigentlich geht. »Die Widerstände, welche die großen systematischen Werke Hegels, zumal die Wissenschaft der Logik, dem Verständnis entgegensetzen, sind qualitativ verschieden von denen, die andere verrufene Texte bereiten. [...] Im Bereich großer Philosophie ist Hegel wohl der einzige, bei dem man buchstäblich zuweilen nicht weiß und nicht bündig entscheiden kann, wovon überhaupt geredet wird, und bei dem selbst die Möglichkeit solcher Entscheidung nicht verbrieft ist.«

Folgen wir Hegel, dann geht es ihm in der Logik darum, dem deutschen Volk das zurückzugeben, was der durch Kant inaugurierten Kritik an den »Träumen der Vernunft«, die über die Erfahrung hinausgehen, zum Opfer fiel: die klassische Metaphysik. Ihr warf Kant in der *Kritik der reinen Vernunft* bekanntlich vor, daß sie, wenn sie sich über jede Erfahrungsbelehrung erhebe, »dialektisch und trüglich« wird. Insofern müsse der Metaphysik die Transzendentalphilosophie vorhergehen, um zunächst einmal die Grenzen wie die Reichweite der Vernunft auszumessen, damit diese nicht beständig den Boden unter den Füßen verliert. Kant ging es um eine Kritik der Kategorien und eine Analyse ihrer Leistungsfähigkeit. Er problematisierte die Rechtmäßigkeit und die Anwendungsmöglichkeiten der Kategorien, um den falschen Schein, der nicht in den Dingen, sondern allein in unseren Urteilen über sie liege, aufzulösen. »Die leichte Taube, indem sie im freien Fluge die Luft teilt, deren Widerstand sie fühlt, könnte die Vorstellung fassen, daß es ihr im luftleeren Raum noch viel besser gelingen werde. Eben so verließ Plato die Sinnenwelt, weil sie dem Verstande so enge Schranken setzt, und wagte sich jenseit derselben, auf den Flügeln der Ideen, in den leeren Raum des reinen Verstandes. Er bemerkte nicht, daß er durch seine Bemühungen keinen Weg gewönne, denn er hatte keinen Widerhalt, gleichsam zur Unterlage, worauf er sich steifen, und woran er seine Kräfte anwenden konnte, um den Verstand von der Stelle zu bringen. Es ist aber ein gewöhnliches Schicksal der menschlichen Vernunft in der Spekulation, ihr Gebäude so früh, wie möglich, fertig zu machen, und hintennach allererst zu untersuchen, ob auch der Grund dazu gut gelegt sei.«

Der allgemeinen Logik, der Kant nachsagte, eine »Logik des Scheins« zu sein, stellte er deshalb sein Projekt einer »Kritik des Verstandes und der Vernunft ihres hyperphysischen Gebrauchs« gegenüber, um den »falschen Schein ihrer grundlosen Anmaßungen aufzudecken«. Hegels *Wissenschaft der Logik* versteht sich nun ausdrücklich als Wiederaufrichtung der von Kant destruierten Metaphysik, weshalb er die aufklärerische Kritik an der Metaphysik selbst der Kritik unterziehen muß. »Die exotische Lehre der Kantischen Philosophie, – daß der *Verstand die Erfahrung nicht überfliegen dürfe*; sonst werde das Erkenntnisvermögen *theoretische*

Vernunft, welche für sich nichts als *Hirngespinste* gebäre, – hat es von der wissenschaftlichen Seite gerechtfertigt, dem spekulativen Denken zu entsagen.« Hegel will nun zeigen, daß diese freiwillige Verzichtserklärung voreilig, der von der kritischen Philosophie behauptete Dualismus von Subjekt und Objekt, Sinnlichkeit und Verstand unhaltbar und der der Transzendentalphilosophie zugrunde gelegte Begriff der Wissenschaft selbst ein unwissenschaftlicher ist. Die Philosophie, indem sie Wissenschaft sein soll, muß nach Hegel eine »objektive, demonstrierende Wissenschaft« sein und nicht eine, die sich mit einer Kritik der Vernunft begnügt, da sich die Grenze und die Leistungsfähigkeit der Kategorien unabhängig von ihrer Anwendung gar nicht angeben lassen.

Dem metaphysikkritischen Projekt Transzendentalphilosophie stellt er deshalb das Projekt einer dialektischen *Wissenschaft der Logik* gegenüber, das sich mit Michael Theunissen als »Einheit von Kritik und Darstellung der Metaphysik« verstehen läßt: Sie ist deren Kritik, weil die vormalige Metaphysik selbst der Unwahrheit überführt wird; und sie ist Darstellung der Metaphysik, weil »die *Logik* [...] mit der *Metaphysik* zusammen(fällt), der Wissenschaft der *Dinge* in *Gedanken* gefaßt, welche dafür galten, die *Wesenheiten der Dinge* auszudrücken«. Hegel ist überzeugt davon, daß Kants Forderung, vor dem Erkennen das Erkenntnisvermögen zu untersuchen, völlig unplausibel sei, weil das Erkenntnisvermögen zu untersuchen ja schon heißt, es zu erkennen. Und so wirft er dem Kritizismus vor, daß er sich durch die Forderung, das erkennende Subjekt solle sich der Bedingungen einer prinzipiell möglichen Erkenntnis vergewissern, bevor es überhaupt erkennt, von Anbeginn in einen Zirkel verstrickt. Gegen die kritische Ausmessung der Grenzen und der Leistungsfähigkeit der Vernunft als »reiner Vernunft« macht Hegel seinen berühmt gewordenen Einwand geltend:

»Erkennen wollen [...], *ehe* man erkenne, ist ebenso ungereimt als der weise Vorsatz jenes Scholastikus, *schwimmen* zu lernen, *ehe er sich ins Wasser wage*.« Der erkenntnistheoretische Stachel, der Kant bewegte, war Hegel völlig fremd, und alle erkenntniskritischen Überlegungen forderten seinen Spott heraus. Teilte Kant seinen Lesern mit, daß ihn Humes Skepsis aus dem dogmatischen Schlummer geweckt habe, so versicherte Hegel den seinen, daß er erst gar nicht eingeschlafen sei und folglich auf eine skeptische Erweckung verzichten könne. Die Skepsis nahm Hegel als Wünschelrute für die Widersprüche seiner Dialektik, die zu entfalten Aufgabe der *Wissenschaft der Logik* ist.

Nun ist dieser Einwand wiederholt aufs wärmste begrüßt worden. Gleichwohl gibt es nicht nur Gründe, über den Scholastikus zu spotten. Man mag dessen Weisheit als Trockenübung belächeln, sie zahlt sich jedoch immer dann aus, wenn es nicht ums Reden, sondern ums Überleben im nassen Element geht, wovon man sich beim Schwimmunterricht leicht überzeugen kann. Die Schüler trainieren außerhalb des Wassers die geordnete Folge der Handlungen, die sie befähigt, im Wasser zu praktizieren, was sie auf dem Trockenen gelernt haben. Von daher mißdeutet Hegel Kants Orientierung. Denn der Kritizismus soll nicht, wie Hegel meint, erkennen, ob man überhaupt erkennen könne. Er will vielmehr darüber Auskunft geben, was mit einer Vernunft geschieht, die die Erfahrung hinter sich läßt und sich so weit in die Höhe erhebt, daß sie die Thesis einer Behauptung ebensogut beweisen kann wie deren Antithesis – was für Kant auf einen philosophischen Offenbarungseid hinausläuft.

Ein anderer Einwand wiegt jedoch schwerer. Bei Kant erscheint das Erkennen durch ein »Instrument« oder »Werkzeug« vermittelt, mit dessen Hilfe das Erkenntnissubjekt den Erkenntnisgegenstand formiert. Die Erkenntnis wird also durch die Mittel, die sie ermöglichen, transzendental festgelegt. Obgleich nun in Hegels Kritik an der Organontheorie der Erkenntnis genau das vorausgesetzt wird, was diese gerade in Frage stellt, eben die Möglichkeit absoluten Wissens – hier wird Kant von Hegel nicht kritisch über-, sondern vorkritisch unterboten –, so fördert seine Kritik doch auch eine Reihe impliziter Voraussetzungen einer ihrem Anspruch nach voraussetzungslosen Erkenntniskritik zutage, zum Beispiel die Unterstellung eines normativen Begriffs von Wissen wie eines normativen Begriffs des Ichs. In diesem Zusammenhang macht Hegel auf die Kalamität aufmerksam, daß der Versuch, die Erkenntnis als ein Mittel oder Werkzeug zu verstehen, auf ein Scheitern angelegt sei. Denn Werkzeuge haben die Eigenschaft, ihren Gegenstand zu »formieren« und zu »verändern«. Und wenn die Erkenntnis tatsächlich als ein Werkzeug verstanden werden muß, dann zeigt dieses nicht, wie die Wahrheit oder die Dinge »an sich«, sondern lediglich wie sie »für uns« sind. Aus dieser Kalamität hilft auch der Vorschlag von Schelling nicht heraus, das Erkennen als ein »passives Medium« aufzufassen, »durch welches hindurch das Licht der Wahrheit an uns gelangt«. Erhalten wir doch auch auf diese Weise nicht die Wahrheit, wie sie »an sich« ist, »sondern wie sie durch und in diesem Medium ist«. Hier wie dort gebrauchen wir also ein »Mittel, welches das gerade Gegenteil seines Zwecks hervorbringt; oder das Widersinnige ist vielmehr, daß wir uns überhaupt eines Mittels bedienen«.

Hegel meint dagegen, daß die Tätigkeit der Denkformen und ihre Kritik im Erkennen bereits dialektisch vereinigt sind. Die von der bisherigen Logik »vorausgesetzte Trennung des *Inhalts* der Erkenntnis und der *Form* derselben, oder der *Wahrheit* und der *Gewißheit*«, meint er *sinnkritisch* destruieren zu können, weil unter dieser Voraussetzung gar keine Erkenntnis möglich wäre. Für ihn verbietet sich die Kantische Skepsis schon allein deshalb, weil ihm der ganze Erkenntnisapparat durch eine Art Selbstgarantie intakt scheint, sobald er den dialektisch notwendigen Fortgang der Begriffe liefert. Indem der Begriff fortwaltet, bewährt sich für Hegel die Erkenntnis selbst, gleichsam in flagranti. Dem Mut des Erkennens, zu dem Hegel immer wieder auffordert, kann das Universum, eben weil es in den Netzen des Denkens gefangen ist, einfach keinen Widerstand entgegensetzen – daher auch der erkenntnistheoretische Optimismus. Die Zweifel Kants, als gegen bloße Verstandesbegriffe gerichtet, sollen Hegel zufolge an der dialektischen Vernunft gegenstandslos werden. Unser Erkennen sei bereits hinreichend gesichert durch die Teilnahme an der unendlichen Vernunft, außerhalb deren nur Irrtum zustande käme.

Wurde Kant durch die Entdeckung der Antinomien der reinen Vernunft zur Kritik derselben getrieben, »um den Skandal des scheinbaren Widerspruchs der Vernunft mit ihr selbst zu heben«, so wurde Hegel durch die Entdeckung der Antinomien zur Dialektik getrieben, um diesen Skandal des bloß scheinbaren Widerspruchs der Vernunft mit ihr selbst als einen ebenso notwendigen wie unvermeidbaren zu erweisen, sobald wir das Absolute denken – womit Hegel erneut die spekulative Grundfigur aus der *Differenzschrift* variiert, daß das Absolute es selbst ist und zugleich sein Gegenteil, daß es also mit dem, was es nicht ist, identisch ist. Der von Kant aufgezeigte Widerspruch im Denken drückt für Hegel nur den realen aus, der innerhalb des transzendentalen Ansatzes gar nicht sichtbar werden konnte, weil der Verstand hier ein bloß subjektiver ist, »der Ordnung in den Dingen herbringt, die nichts an und für sich« sind. Zwar bescheinigt Hegel dem Königsberger, die Notwendigkeit dieser Widersprüche zu Bewußtsein gebracht zu haben, und bezeichnet dessen »Bestimmung, daß das Unendliche, soweit es durch Kategorien bestimmt wird, sich in Widersprüchen verliert«, als eine »wichtige« Seite der Kantischen Philosophie. Insofern aber Kant den Widerspruch ins Subjekt verlegt – es sollte ja das Denken sein, welches in die Logik des Scheins gerät, wenn es das Unbedingte denken will –, erweise er den Dingen gegenüber »zu viel Zärtlichkeit«. Doch bedürfen die Dinge dieser Zärtlichkeit durchaus nicht, zumal eine solche Verlagerung des Widerspruchs ins Gemüt das Problem nur verschiebt: eben ins Subjekt. Und so faßt Hegel den Widerspruch objektiv und die Dialektik als die Wahrheit des Formalismus. Der von Kant aufgerichteten Norm der Widerspruchslosigkeit stellt er die Dialektik gegenüber, die als eine subjektive und objektive Dialektik verstanden werden muß, als eine des Denkens und eine des Seins.

Auf identitätsphilosophischer Grundlage entwirft Hegel ein Bild vom Denken und von der Welt, in dem Denken und Welt als *gleichermaßen* begrifflich gegliedert dargestellt werden. Anders gesagt: Hegel konzipiert die Objektivität unserer Begriffe als eine begrifflich artikulierte Spiegelung des propositionalen Gehalts einer bereits »an sich« strukturierten Wirklichkeit, so daß die Theorie dieser Spiegelung in einem Atemzug als eine Theorie der Struktur der Welt erscheint. Die Wirklichkeit der Kategorien nimmt Hegel für diese selbst. Das »wahrhaft *Bleibende und Substantielle*« ist der Begriff, nicht die Wirklichkeit. »Wenn wir von den *Dingen* sprechen wollen, so nennen wir die *Natur* oder das *Wesen* derselben ihren *Begriff*, und dieser ist nur für das Denken.« Aus der Tatsache, daß wir die Welt immer nur begrifflich denken können, folgert Hegel, daß sie selbst begrifflich strukturiert sei. Die objektive Welt liegt demnach nicht jenseits unseres Begreifens, sondern ist selbst durch und durch begrifflich verfaßt – eine Auffassung, die, abzüglich der

Himmelsfamilie a priori, heute im Rahmen eines »new hegelianism« in einer ähnlichen Form von Robert Brandom und John McDowell vertreten wird.

Und in der Tat, wenn die Welt aus demselben Stoff wäre wie der im Menschen erkennende Geist, wenn es also infolge der metaphysischen Einheit von Subjekt und Objekt keinen Hiatus zwischen Subjekt und Objekt mehr gäbe und die Erfahrung des Bewußtseins so verstanden werden müßte, wie sie in der *Phänomenologie des Geistes* beschrieben wird, nämlich als Prozeß, in dem sich Subjekt und Objekt, Bewußtsein und Gegenstand auf jeder Stufe der Entwicklung dialektisch korrigieren, dann ist es auch nicht unplausibel, anzunehmen, daß das Vernünftige auch wirklich und das Wirkliche auch vernünftig sei. Die dialektische Methode – Hegel selbst spricht lieber von »spekulativer Methode« – betrifft dann immer zugleich die Bestimmungen des Denkens und der Sache.

Die dialektische Methode ist nicht mehr nur eine subjektive, eine, die lediglich vom »Ich« ausgeht, das seit Descartes als die letzte zweifelsfreie Instanz gilt, sondern eine objektive, eine, die den »Gang der Sache selbst« darstellt, die Hegel als eine »immanente Entwicklung des Begriffs« zu fassen sucht, weshalb die dialektische Logik eine *dialektische Ontologie* ist. Die Dialektik des Bewußtseins ist immer auch eine des Seins, oder, anders gewendet, die Methode der Dialektik ist von der Entwicklung ihres Gegenstandes nicht zu unterscheiden. Sie bringt lediglich »die Dialektik, die er an ihm selbst hat« und »welche ihn fortbewegt«, zum Ausdruck. Daß Dialektik keine von ihrem Gegenstand unabhängige Methode ist – eben weil sie nichts anderes ist als »das Bewußtsein über die Form der inneren Selbstbewegung ihres Inhalts« –, verhindert nach Hegel auch ihre Darstellung für sich, wie sie vom Kritizismus gefordert wird. Metaphysik, wenn sie denn möglich sein soll, muß nach Hegel als eine dialektische konzipiert werden, eben als eine, die das Vernünftige als wirklich und das Wirkliche als vernünftig darstellt. Es muß eine Metaphysik sein, die sich als »absoluter Idealismus« versteht, in dem Subjekt und Objekt, Bewußtsein und Gegenstand, Denken und Welt als gleichermaßen begrifflich strukturiert erscheinen. »Die reine Wissenschaft setzt somit die Befreiung von dem Gegensatz des Bewußtseins voraus. Sie enthält den *Gedanken, insofern er ebensosehr die Sache an sich selbst ist,* oder *die Sache an sich selbst, insofern sie ebensosehr der reine Gedanke ist.*«

Mit der dialektischen Kritik an Kants Metaphysik-Kritik will Hegel also nicht einfach die vorkantische Metaphysik restaurieren. Die Ergebnisse des Kritizismus werden keineswegs für null und nichtig erklärt, sondern zumeist nur zu Momenten innerhalb des dialektischen Prozesses herabgesetzt. Hegels Restauration der Metaphysik ist eine, die als eine dialektische Restauration der Metaphysik auf der Basis der Identitätsphilosophie verstanden werden muß. Hieraus folgt, daß die *Wissenschaft der Logik* auch keine Logik im üblichen Sinne ist, sondern »spekulative Philosophie«. Wer heutzutage einen Logik-Kurs besucht, beginnt diesen bekanntlich mit der Aussagenlogik, einer Disziplin, die in ihrer heutigen Form ein Produkt des späten 19. Jahrhunderts ist und auf Gottlob Frege zurückgeht. Wenn Hegel dagegen von Logik spricht, meint er etwas anderes. Die klassische Logik, von der Kant sagte, sie habe seit Aristoteles keinen Schritt rückwärts, aber auch keinen vorwärts getan, betrachtete Hegel analog zu Kant als eine Theorie der Begriffe, Urteile und Schlüsse, wobei ihnen das Urteil als eine Verknüpfung verschiedener Vorstellungen und der Schluß als Verknüpfung gegebener Urteile galt. Und daran wollten zunächst weder Kant noch Hegel etwas ändern. Was Hegel mit der *Wissenschaft der Logik* ändern wollte, war der Umstand, daß die zeitgenössische Logik das Logische nur abstrakt faßte und von allem Inhalt abstrahierte. Worauf er hinauswollte, war eine *dialektische Inhaltslogik*, weil nur diese das Wahre selbst zum Gegenstand hat, während die formale Logik bei der leeren, bestimmungslosen Form stehenbleibt. »Indem die Logik Wissenschaft der absoluten Form ist, so muß dies Formelle, *damit es ein Wahres sei*, an ihm selbst einen *Inhalt* haben, welcher seiner Form gemäß sei, und um so mehr, da das logische Formelle die reine Form, also das logisch Wahre die *reine Wahrheit* selbst sein muß.«

Die *Wissenschaft der Logik* ist eine Wissenschaft des Absoluten im Medium des reinen Denkens. Hegel faßt das Logische nicht nur als »Denkbestimmungen, von denen wir allenthalben Gebrauch machen, die uns in jedem Satze, den wir sprechen, zum Mundes herausgehen«, sondern auch objektiv. Es soll der reine, stofflose, hüllenlose Gedanke sein, den Hegels Logik zur Darstellung bringen will, der Gedanke »an sich«. In Hegels Logik wird gewissermaßen das Denken ontologisiert und zu einer Wirklichkeit sui generis gemacht. Wie bereits bemerkt: Das Logische wird von Hegel unabhängig von seinem Gedachtwerden gedacht, als Grundstruktur der Wirklichkeit selbst. Die Begriffe, Gedanken und Denkformen haben hier einen eigenen, von faktischen Subjekten unabhängigen Status – wobei Hegel natürlich klar war, daß dieser Gedanke für das neuzeitliche Normalbewußtsein eine einzige Zumutung sei.

Dies ist auch der Grund, warum uns in diesem logischen Universum kein Mensch aus Fleisch und Blut begegnet. Hier ist alles Geist, und zwar reiner Geist. In dem von Hegel entworfenen Universum kommunizieren nicht Menschen, sondern Begriffe. Hier macht der Gegenstand das, was Gegenstände für gewöhnlich nicht tun, er sagt, wie er zu denken sei, denn er ist ja selbst Begriff, weshalb Hegel hier auch von der »Selbstbewegung des Begriffs« spricht. Er, der den Gang der Kategorien so objektiv aufzeichnen will wie ein Astronom die Bewegungen der Himmelskörper, treibt die Spiritualisierung der Wirklichkeit bis zu ihrer völligen Vergeistigung, bis zur Himmelfahrt des Begriffs, weshalb Marx im *Kapital* meinte, daß die Dialektik bei Hegel eine Mystifikation erleide: »Sie steht bei ihm auf dem Kopf. Man muß sie umstülpen, um den rationellen Kern in der mystischen Hülle zu entdecken« – womit Marx den Startschuß zu einer endlosen Entzifferungskampagne gab, in deren Verlauf Hegel so oft und auf so mannigfaltige Weise umgestülpt wurde, daß einem beim bloßen Zuschauen schwindlig wird.

Es ist also der »reine Gedanke«, mit dem sich die Logik beschäftigt, und nicht der Gedanke dieses oder jenes Gegenstandes. Es ist der »Begriff der Dinge«, welcher in Hegels Logik »Gegenstand wird«. Seine dialektische Logik kann nicht bei den subjektiven Denkbestimmungen stehenbleiben, weil diese immer nur »als zum Gebrauch und als Mittel genommen werden«, sondern stößt zu den »Wesenheiten der Dinge« vor – was freilich unterstellt, daß die Dinge überhaupt ein Wesen haben. »Die Logik ist sonach als das System der reinen Vernunft, als das Reich des reinen Gedankens zu fassen. *Dieses Reich ist die Wahrheit, wie sie ohne Hülle an und für sich selbst ist.* Man kann sich deswegen ausdrücken, daß dieser Inhalt *die Darstellung Gottes* ist, *wie er in seinem ewigen Wesen vor Erschaffung der Natur und seines endlichen Geistes ist.*« So wie nach Goethe Bachs Musik hören läßt, wie es in der Brust Gottes vor Erschaffung der Welt aussah, so präsentiert Hegel die Wahrheit ante rem, ohne jede stoffliche Einkleidung. Den Hades der Logik hebt Hegel in den höchsten Himmel und präsentiert uns eine »Intellektualansicht des Universums […], deren reine Gestalt die Logik sein muß«, wobei er nichts Geringeres erstrebt als eine »Darstellung der Wahrheit, wie sie ohne Hülle ist«. Und weil Hegel die Logik nicht nur als eine subjektive, sondern auch als objektive Logik konzipiert, kann er auch sagen: »Die *Logik* fällt [...] mit der *Metaphysik* zusammen, der Wissenschaft der *Dinge* in *Gedanken* gefaßt, welche dafür galten, die *Wesenheiten der Dinge* auszudrücken.«

Eröffnet wird der dialektische Tanz des Begriffs mit der berühmten Trias »Sein – Nichts – Werden« und der These »Sein und Nichts sind dasselbe«. »Das *reine Sein* macht den Anfang, weil es sowohl reiner Gedanke als das unbestimmte einfach Unmittelbare ist, der erste Anfang aber nichts Vermitteltes und weiter Bestimmtes sein kann [...] Dieses reine Sein ist nun die *reine Abstraktion*, damit das *Absolut-Negative*, welches, gleichfalls unmittelbar genommen, das *Nichts* ist [...] Das *Nichts* ist also dieses unmittelbare, sich selbst gleich, ebenso umgekehrt dasselbe, was das *Sein* ist. Die Wahrheit des Seins sowie des Nichts ist daher die *Einheit* beider; diese Einheit ist das *Werden*.« Vom Sein führt der Weg zum Wesen und vom Wesen zum Begriff, wobei diese drei Grundbegriffe zugleich auch Hegels Logik gliedern. Seins- und Wesenslogik bilden die »objektive Logik«, die »an die Stelle der vormaligen *Metaphysik*« tritt, als »welche das wissenschaftliche Gebäude über die Welt war, das durch den *Gedanken* aufgeführt sein sollte«. Die »Logik des Seins« ersetzt den Teil der Metaphysik, der »die Natur des *Ens* überhaupt erforschen sollte«, also die traditionelle Ontologie, und die »Logik des Wesens« begreift die »übrige Metaphysik« in sich, für »die *Bestimmungen des Denkens* das *Wesentliche* der Betrachtungsweise ausmachen«. Die »subjektive Logik« ist sodann »die Logik des *Begriffs*, – des Wesens, das seine Beziehung auf ein Sein oder seinen Schein aufgehoben hat und in seiner Bestimmung nicht äußerlich mehr, sondern das freie selbständige, sich in sich bestimmende Subjektive oder vielmehr das *Subjekt* selbst ist«.

Die Gliederung der Logik ist also keinesfalls willkürlich, sie ergibt sich für Hegel unmittelbar aus der »Selbstbewegung des Begriffs«, aus der doppelten Negation des Seins: Das Sein negiert sich und hebt sich im Wesen auf, und dieses negiert sich und findet seine Aufhebung im Begriff. Womit die Logik beginnt, damit hört sie auch auf: mit der »absoluten Idee«, die als die Wahrheit des Begriffs zugleich das wahre Subjekt aller Wirklichkeit ist. »So ist [...] die Logik in der absoluten Idee zu dieser einfachen Einheit zurückgegangen, welche ihr Anfang ist; die reine Unmittelbarkeit des Seins, in dem zuerst alle Bestimmung als ausgelöscht oder durch die Abstraktion weggelassen erscheint, ist die durch die Vermittlung, nämlich die Aufhebung der Vermittlung zu ihrer entsprechenden Gleichheit mit sich gekommene Idee«, weshalb Hegel hier auch das Bild eines Kreises von Kreisen gebraucht. Nur wenn sich der Begründungszusammenhang zu einem Kreis zusammenschließt, sind sämtliche Voraussetzungen begründet eingeholt, so daß nun das Ganze das Wahre und die Philosophie als System möglich ist.

Das »System der Logik« mit seinem Gefüge von Kategorien als Gestalten einer einheitlichen dialektischen Bewegung ist eine lückenlose Ontologie, aus den reinen Tiefen der Vernunft, die mit der Fassung des »Wahren«, des »Absoluten« oder »Gottes« ihren Abschluß findet – eine Ontologie, wie sie bis dahin noch nie versucht wurde. Ganz in diesem Sinne verstand sie auch sein ehemaliger Jugendfreund. Gleichwohl hatte Schelling mit der Hegelschen Logik ein Problem: »Die ganze Welt liegt gleichsam in den Netzen des Verstandes oder der Vernunft, aber die Frage ist eben, *wie* sie in diese Netze gekommen sei, da in der Welt offenbar noch etwas anderes und etwas *mehr* als bloße Vernunft ist, ja sogar etwas über diese Schranken Hinausstrebendes.«

Und in der Tat, wenn man nicht bereits akzeptiert, was Hegel immer schon voraussetzt, dann ist diese Logik nicht nachvollziehbar. Wenn man also nicht schon drin ist, dann kommt man in dieses System auch nicht hinein – und wenn man drin ist, kommt man nicht mehr heraus. Daher scheint es mehr als fraglich, ob sich solch eine dialektische Ontologie heute noch vertreten läßt. Denn diese Ontologie, die sich empirisch nicht bestätigen und metaphysisch nicht begründen läßt, ist an einen Standpunkt gebunden, der nicht von dieser Welt sein kann, an den Standpunkt Gottes. Nicht Hegel, sondern Kant ist hier unser Zeitgenosse, der bei seinem Kollegen eine idealistische Überforderung der Kategorien moniert hätte. An seine gegenüber der rationalistischen Metaphysik aufgerichteten Verbotstafeln möchte man Hegel erinnern, wenn er kurzerhand Denken und Sein als identisch erklärt. Nein, Hegels spekulativer Idealismus läßt sich nicht retten. Denn daß wir die Welt nicht anders als begrifflich denken können, heißt ja nicht, daß sie in sich selbst begrifflich strukturiert sei. Die Wirklichkeit der Kategorien können wir nicht für diese selbst nehmen, weshalb auch die Lösung und der Ausweg aus den von Hegel so eindrucksvoll kritisierten dualistischen Dilemmata der Erkenntnistheorie nicht in der Gleichsetzung des Begriffs der Wirklichkeit mit dem einer begrifflich bestimmten Wirklichkeit bestehen kann. Denn diese Konstruktion läßt sich bei kritischer Betrachtung nicht halten, weil der Standpunkt des Absoluten kein Standpunkt ist, den ein endliches Wesen einnehmen kann. Nur eine göttlich Vernunft wäre eine unendliche Vernunft, die menschliche Vernunft ist es nicht. Die nachhegelsche Vernunftkritik hat mit eindrucksvollen Argumenten gezeigt, daß sich die von Hegel behauptete Identität von Denken und Sein unter den Bedingungen eines nachidealistischen Denkens nicht mehr vertreten läßt. Daher gilt es, die Perspektive zu wechseln. Gegenüber der Hegelschen »Intellektualansicht des Universums [...], deren reine Gestalt die Logik« sein sollte, wäre eine *transzendentale Kritik an den Anmaßungen der dialektischen Vernunft zu leisten,* ohne dabei transzendentalistisch hinter Hegels Kritik an den dualistischen Voraussetzungen der Erkenntnistheorie zurückzufallen.

Heidelberg

Die *Wissenschaft der Logik* hatte ihn in der Philosophie zu einem berühmten Mann gemacht. Und da in Bayern immer spürbarer die Reformen zurückgenommen wurden, die der König 1816 verfügt hatte, beschloß Hegel, sich nach einem Lehrstuhl an einer Universität umzuschauen. Zunächst trat Berlin in den Gesichtskreis seines Interesses. Seit dem Tod Fichtes war hier der Lehrstuhl für Philosophie verwaist. Aus Berlin wurde jedoch nichts. Kaspar Friedrich Freiherr von Schuckmann, der verantwortliche Minister im Kabinett, lehnte die Berufung ab. Zwar setzten sich Barthold Georg Niebur, Herbert Link und Karl Wilhelm Ferdinand Solger für Hegel ein, die im Senat eine Liste durchbrachten, auf der sein Name primo loco zu stehen kam. Doch der Dekan de Wette wandte sich an den Minister mit einem Sondervotum, in dem stand, daß Hegel im Grunde nur ein Nachbeter Schellings und seine Logik eine obskure Geheimwissenschaft sei – zudem sei sein Kathedervortrag verworren, ängstlich und verlegen. Und so lehnte Schuckmann, der Kantianer und ein Gegner der spekulativen Naturphilosophie war, Hegels Berufung rundheraus ab.

Dafür bot sich die Möglichkeit einer Professur in Heidelberg. Karl Daub, der Prorektor der Universität, schrieb am 30. Juli 1816 an Hegel: Heidelberg würde »an Ihnen, wenn Sie den Ruf annähmen, zum erstenmal (Spinoza wurde einst, aber vergebens hierher gerufen, wie Sie vermutlich wissen) seit Stiftung der Universität einen Philosophen haben«. Das

Gehalt sollte 1300 Gulden betragen, dazu sechs Malter Korn und neun Malter Spelz. Postwendend nahm Hegel das Angebot an, nicht ohne seinen neuen Dienstherrn daran zu erinnern, daß das Gehalt 1560 Gulden ausmache und er zudem mit einer kostenlosen Wohnung rechne. Im Herbst des Jahres 1816 ging Hegel als ordentlicher Professor nach Heidelberg, und am 28. Oktober hielt er bereits sein erstes Kolleg.

In Heidelberg begann Hegels Universitätskarriere. Vier Semester lang las er über die Enzyklopädie der philosophischen Wissenschaften, über Logik und Metaphysik, Ästhetik und die Geschichte der Philosophie. Anfangs waren es 16 Stunden pro Woche, so daß nur wenig Zeit für neue Forschungen blieb. Zunächst stießen seine Lehrveranstaltungen auf wenig Interesse. Im Wintersemester 1816/17 kamen lediglich vier Studenten zu ihm. Im Verlauf der nächsten Veranstaltungen brachte er es jedoch auf zwanzig, dann auf dreißig Hörer.

Hegel jedenfalls war guten Mutes, und das Leben in der Kleinstadt gefiel ihm, hatte er sich doch mit den Gegebenheiten vor Ort arrangiert. Er verkehrte mit Jean Paul, dem die Philosophische Fakultät die Ehrendoktorwürde verlieh. Zudem trug man ihm die Leitung des philosophischen Teils der *Heidelberger Jahrbücher der Literatur* an, in denen er eine Rezension zum dritten Band der Werke Friedrich Heinrich Jacobis und eine ausführliche Analyse der Debatten in der Versammlung der Landstände des Königreiches Württemberg publizierte. Ihnen warf er vor, nicht auf der Höhe der Gegenwart zu stehen, weil sie eine Ordnung wiederherstellen wollten, die längst der politischen Vergangenheit angehörte. Die Landstände lehnten die Schaffung eines Einkammerparlaments ab, wie es in dem Verfassungsentwurf gefordert wurde, den der König von Württemberg im März 1815 vorlegt hatte, und forderten statt dessen das »gute alte

Recht« zurück, das in Württemberg bis 1806 das herrschende war. »Man konnte«, so Hegel, »von den württembergischen Landständen sagen, *sie haben nichts vergessen und nichts gelernt*; sie scheinen diese letzten 25 Jahre, die reichsten wohl, welche die Weltgeschichte gehabt hat, und die für uns lehrreichsten, weil ihnen unsere Welt und unsere Vorstellungen angehören, *verschlafen* zu haben. Es konnte kaum einen furchtbareren Mörser geben, um die falschen Rechtsbegriffe und Vorurteile über Staatsverfassungen zu zerstampfen, als das Gericht dieser 25 Jahre.« Die württembergischen Stände sind in Hegels Augen politisch tot, weil sie den Geist der Zeit nicht wahrnahmen und nicht begriffen, daß die feudale Willkür ihren Platz einer vernünftigen und organisierten Staatsverfassung abtreten muß, gegen die auch die militärische Niederlage Napoleons kein Argument sei. Auch militärische Niederlagen können in politischen Dingen das Rad der Geschichte nicht zurückdrehen.

Die Enzyklopädie der philosophischen Wissenschaften
Über das Ganze, das Wahre und das System

Das philosophische Hauptereignis der Heidelberger Zeit war die Veröffentlichung der *Enzyklopädie der philosophischen Wissenschaften im Grundrisse* im Jahre 1817. Mit dieser Publikation, der bereits 1827 und 1830 eine erweiterte und verbesserte Auflage folgte, lag das Hegelsche System im Grundriß vor. In der systematischen Zusammenfassung der philosophischen Wissenschaften hatte Hegels eigenes Anliegen seine Ausprägung gefunden: die Etablierung eines Systems, in dem das ganze Reich des Geistes neu organisiert ist, und zwar mit Hilfe der neu ausgearbeiteten dialektischen Methode. Zwar bot die *Enzyklopädie* nur einen »Grundriß«

des Systems und noch nicht dieses selbst. »Das Bedürfnis, meinen Zuhörern einen Leitfaden zu meinen philosophischen Vorlesungen in die Hände zu geben, ist die nächste Veranlassung, daß ich diese Übersicht des gesamten Umfangs der Philosophie *früher ans Licht treten lasse, als es sonst mein Gedanke gewesen wäre.*« Mit Fug und Recht konnte er nunmehr sagen, er habe die Intention der *Phänomenologie des Geistes* eingelöst, daß die »wahre Gestalt, in welcher die Wahrheit existiert, [...] allein das wissenschaftliche System derselben« ist. »Ein Philosophieren ohne System kann nichts Wissenschaftliches sein; außerdem, daß solches Philosophieren für sich mehr eine subjektive Sinnesart ausdrückt, ist es seinem Inhalt nach zufällig. Ein Inhalt hat allein als Moment des ganzen seine Rechtfertigung, außer demselben aber eine unbegründete Voraussetzung oder subjektive Gewißheit.« Für Hegels Holismus ist nur das Ganze das Wahre – und dieses gibt es entweder ganz oder gar nicht. Ohne System, in dem alles mit allem vermittelt erscheint, können wir in der Philosophie aufhören. Genau dies soll die *Enzyklopädie* zeigen, insofern sie das Ganze als einen »Kreis von Kreisen« darstellt. Philosophie sei »*wesentlich* Enzyklopädie«, »indem das Wahre nur als Totalität und nur durch Unterscheidung und Bestimmung seiner Unterschiede die Notwendigkeit derselben und die Freiheit des Ganzen sein kann«.

Dieses Werk unterscheidet sich von den bisherigen Publikationen dadurch, daß es »zum Gebrauch« in den Vorlesungen bestimmt war. Es war ein Leitfaden für die Vorlesungen, wie er heute an Universitäten nicht mehr benutzt wird, wie er aber zu Hegels Lebzeiten durchaus üblich war. Man las nicht nur nach eigenen, sondern auch nach fremden Kompendien, was Hegel freilich nie tat. Er ging stets von seinen eigenen Aufzeichnungen aus, die dann, wie im Falle der *Enzyklopädie*, als »Leitfaden« für seine Vorlesungen dienten.

Dabei verfuhr er so, daß er an das Vorlesen eines Paragraphen freie Erläuterungen anschloß – die Anmerkungen, die vielen Paragraphen zugeordnet sind, wurden zumeist nicht vorgelesen, sondern stellten bereits Erweiterungen und Erläuterungen dar.

Der erste Teil des Buches behandelt die »Logik«, der zweite Teil ist der »Philosophie der Natur« gewidmet und der dritte Teil der »Philosophie des Geistes«. Allem voran steht eine 18 Paragraphen umfassende Einleitung, in der Hegel seine Auffassung vom Wesen des Philosophierens und von dessen Ausformung zum System erläutert. Er beginnt mit der Feststellung, daß Philosophie und Religion dieselben »Gegenstände« haben, nämlich die Wahrheit, und zwar in dem Sinne, »daß *Gott* die Wahrheit und er *allein* die Wahrheit ist. Beide handeln dann ferner von dem Gebiete des Endlichen, von der *Natur* und dem *menschlichen Geiste*, deren Beziehung aufeinander und auf Gott, als auf ihre Wahrheit«. Doch obwohl sich Religion und Philosophie auf denselben Gegenstand beziehen, so tun sie es doch nicht auf die gleiche Weise. In der Religion hat das Wissen vom Absoluten noch eine Form, »die ihrem Inhalte, der Wahrheit, nicht angemessen ist«, weil hier das Absolute in der Form der Vorstellung erfaßt wird. Erst in der Philosophie wird die Wahrheit denkend betrachtet, weshalb Hegel hier auch von einem »begreifenden Erkennen« spricht. Die Philosophie allein vermag den absoluten Gehalt in der ihm zukommenden absoluten Form zu erfassen, indem sie die »Begriffe an die Stelle der Vorstellungen setzt«. Anliegen der Einleitung ist es, plausibel zu machen, daß die denkende Betrachtung des Absoluten die letzte und höchste Betrachtung ist, die notwendigerweise die Form des Systems annehmen muß.

Danach wendet sich Hegel der Wissenschaft der Logik zu, die er noch einmal in komprimierter Form darlegt. Doch beginnt er auch hier nicht gleich mit der Bestimmung des Logischen, wie er sie in der *Wissenschaft der Logik* gegeben hat, sondern mit der Explikation eines »Vorbegriffs«, die nicht weniger als sechzig Paragraphen umfaßt. Hegel will seinen Hörern und Lesern klarmachen, daß es in der Philosophie eigentlich keinen Anfang geben könne, weil es bedeuten würde, daß das Denken mit Voraussetzungen beginnt, die nicht durch das System legitimiert sind. Vielmehr habe sich das Denken in einem freien Akt auf einen Standpunkt zu stellen, »wo es für sich selbst ist und *sich hiermit seinen Gegenstand selbst erzeugt* und *gibt*«.

Nun hatte Hegel ja bereits in der *Phänomenologie* demonstriert, wie »das Individuum von seinem ungebildeten Standpunkt aus zum Wissen« zu führen sei. Von daher könnte man meinen, daß er jetzt einfach aus pädagogischen Gründen eine bekannte These wiederholt. Bei dem neuen »Vorbegriff« handelt es sich indes um keine erweiterte oder präzisierte Fassung einer alten These, sondern um eine gänzlich neue Einleitung in die Philosophie, was Hegel dann in der zweiten und dritten Auflage der *Enzyklopädie* noch deutlicher herausgestellt hat. Er verweist auf die *Phänomenologie*, die eigentlich eine Einleitung in das System sein sollte, die aber schon viel von dem entwickelt habe, was eigentlich erst im vollendeten System zu entwickeln wäre – weshalb Hegel die *Phänomenologie* von nun an aus dem Systemverbund ausschließt. Die Darstellung des Bewußtseins innerhalb der Philosophie des subjektiven Geistes trägt nunmehr den Namen »Phänomenologie« und ist zwischen »Anthropologie« und »Psychologie«, zwischen »Seele« und »Geist« eingeordnet. Der wahre Anfang hingegen müsse ein gänzlich voraussetzungsloser sein: »Der Entschluß zu philosophieren wirft sich rein in Denken (– das Denken ist einsam bei sich selbst), – er wirft sich wie in einen uferlosen Ozean; alle die bunten Farben, alle Stützpunkte sind verschwunden, alle sonstigen freundlichen Lichter sind ausgelöscht. Nur der *eine* Stern, der *innere Stern* des Geistes leuchtet; es ist der *Polarstern.*«

Einerseits meint Hegel, es könne eigentlich gar keine Einleitung in das philosophische System und folglich in die *Enzyklopädie* geben, andererseits ist sein pädagogisches Bedürfnis so stark, daß er Hörer und Leser bei der Hand nehmen möchte, um sie genau dorthin zu führen. Und so mündet der »Vorbegriff« in die Einleitung der Logik, die näherhin als Metaphysik bestimmt wird. Hatte Hegel in Jena noch Logik und Metaphysik getrennt behandelt, so sieht er jetzt beides in eins. Zwar kündigt Hegel selbst in Berlin noch seine Lehrveranstaltungen unter dem Titel »Logik und Metaphysik« an, doch der Sache nach fällt die Logik »mit der Metaphysik zusammen«. »Die Logik, in der wesentlichen Bedeutung spekulativer Philosophie, tritt an die Stelle dessen, was sonst Metaphysik genannt und als eine von ihr abgesonderte Wissenschaft abgehandelt wurde.« Und erläuternd fügt er hinzu: »Die spekulative Logik enthält die vorige Logik und Metaphysik, konserviert dieselben Gedankenformen, Gesetze und Gegenstände, aber sie zugleich mit weiteren Kategorien weiterbildend und umformend.« Die Logik stellt den »absoluten Grund« dessen bereit, was folgt – der Naturphilosophie und der Philosophie des Geistes. Der Logik spricht Hegel nicht nur die Bedeutung spekulativer Philosophie zu, sondern gleichzeitig »die Bedeutung spekulativer Theologie«, woran heutige Entzifferungsversuche nachhaltig zu erinnern wären.

Mit der Naturphilosophie beginnt die »Realphilosophie«. Ihre Bestimmung und ihr Zweck ist, »daß der Geist sein eigenes Wesen, das ist, den Begriff in der Natur, sein Gegenbild in ihr finde [...] Es ist dies ebenso die Befreiung der Natur;

sie ist an sich die Vernunft, aber erst durch den Geist tritt diese als solche an ihr heraus in Existenz. Der Geist hat die Gewißheit, die Adam hatte, als er Eva erblickte: ›Dies ist Fleisch von meinem Fleisch; dies ist Gebein von meinem Gebein.‹ So ist die Natur die Braut, mit der der Geist sich vermählt.«

Die Naturphilosophie ist vermutlich der Teil seiner Lehre, der für uns heute die wenigsten Anschlußmöglichkeiten bietet, weil in ihr Thesen vertreten werden, die bereits zu Hegels Lebzeiten überholt waren. Gleichwohl ist sie ein wichtiger Bestandteil des Systems, insofern die Natur als das Anderssein der Idee bestimmt wird, als veräußerlichter Geist. Die Naturphilosophie sei »selbst Physik, aber *rationelle Physik*«, worunter Hegel Naturerkenntnis »aus dem Gedanken« versteht, was keineswegs gleichbedeutend mit heilloser Spekulation ist. Naturerkenntnis aus dem Gedanken meint, daß die von der Naturwissenschaft erzeugten Gedanken, also deren theoretische Aussagen und Begriffe, die Voraussetzung der Philosophie bilden, weshalb die Naturphilosophie als ein Nach-Denken des in den empirischen Wissenschaften schon Gedachten verstanden werden kann. »Physik und Naturphilosophie unterscheiden sich [...] nicht wie Wahrnehmen und Denken voneinander, sondern [...] *durch die Art und Weise des Denkens*; sie sind beide denkende Erkenntnis der Natur«, die auf die »Erkenntnis des *Allgemeinen*« gerichtet ist: auf »Kräfte, Gesetze, Gattungen, welcher Inhalt ferner auch nicht bloßes Aggregat sein, sondern, in Ordnungen, Klassen gestellt, sich als Organisation ausnehmen muß«.

Anknüpfend an die »Idee einer Philosophie der Natur«, wie sie Schelling in Jena ausgearbeitet hatte, sieht Hegel in der romantischen Naturphilosophie den Gipfel der philosophischen Naturbetrachtung. Ihr Gegenstand ist die Natur als

Ganzes, als ein System, das sich in Stufen aufbaut, deren höchste das Leben ist. Freilich nicht das Leben, wie es uns heute erscheint, als ein Produkt der Evolution – den Evolutionsgedanken hat Hegel immer abgelehnt –, sondern das Produkt einer *generatio aequivoca*, einer Urzeugung, aus der sich alle weiteren Formen des Lebens ergeben – eine Vorstellung, die sich auch noch bei Marx und Engels findet. Hegel faßt die Natur als ein System, das er um keinen Preis in Bewegung bringen will, weil er, im Unterschied zu Schelling, die Natur immer nur als das andere der Idee ansieht, nie aber als einen sich selbst genügenden Entwicklungsprozeß. Natur ist für ihn nur die versteinerte Gestalt, in der die Tätigkeit der absoluten Idee vergegenständlicht ist. »Hegels Natur«, so Ernst Bloch, »ist sowohl im Sinn des Durchlaufs durch sie wie im Sinn der Vergangenheit ›passiert‹, ein totliegendes Parterre für die menschliche Geschichte; aus ihm selber ist jede Geschichte heraus. Die Organismen entwickeln sich nicht, und in diesem zeitlosen Naturraum befinden sich Sonne, Mond und Sterne dauernd am unteren Rand. Indem die Natur sich in sich vertieft hat, indem der Erdgeist, wie Hegel das nennt, im Menschen erwacht und zum Bewußtsein kommt, beginnt nun höhere Kunde – post nubila Phoebus, nach Proteus die historische Offenbarung.« Was durchaus konsequent ist, zumindest wenn man Hegels Prämissen akzeptiert. Denn wenn eine Sache erst dann Geschichte hat, wenn sie sich selbst zum Gegenstand hat, dann ist es auch nicht unplausibel, daß die Geschichte erst mit dem Auftritt des Geistes beginnt. Lapidar bemerkt Hegel: »Die Materie hat ihre Substanz außer ihr, der Geist ist das *Bei-sich-selbstsein*.« Manchmal spricht Hegel von der Materie aber auch wie von einer gotischen Kathedrale, mit riesigen Fenstern, in die das Licht des Geistes einschießt, zum Beispiel wenn er sagt: »Die Steine schreien und heben sich zum Geiste auf«, oder wenn er behauptet, daß die Natur an sich, der Idee nach, göttlich sei, aber eben auf eine nicht göttliche Weise, nämlich so, daß »ihr Sein ihrem Begriff nicht« entspricht, weshalb die Alten sie auch als das »non-ens« faßten. Alles in allem bleibt es aber bei dem unverblümten Idealismus: »Der Geist ist die existierende Wahrheit der Materie, daß die Materie keine Wahrheit hat.«

Die Philosophie der Natur besteht aus drei Teilen: der Mechanik, der Physik und der Organik, die damals noch organische Physik hieß. Dabei machen Raum und Zeit die Grundprobleme der Mechanik aus. Diesen Bestimmungen liegt ein Widerspruch zugrunde, der analog der spekulativen Grundfigur als Identität von Kontinuität und Diskontinuität gefaßt wird. Hegel meint, daß das Vergehen und das Wiedererzeugen des Raumes in der Zeit und der Zeit im Raum die Bewegung sei, deren Realität die Materie ist. Die Ansicht Newtons, daß Raum und Zeit an sich leer sind und erst von außen mit Materie gefüllt werden müßten, hat Hegel stets abgelehnt.

Mit der Bestimmung der Natur des Lichts beginnt das Kapitel über die Physik. Das Licht ist die erste elementarische Materie, weshalb Hegel eine Polemik gegen Newton anzettelt, dessen Ausführungen über die Brechung des Lichts als »Barbarei der Begriffe« abgetan werden. Hegel bezieht sich auf Goethes These, daß das weiße Licht unauflöslich sei und die Farben aus verschiedenen Kombinationen mit der Dunkelheit entstünden, weshalb das Licht auch nicht mit Wärme verbunden sein könne, weil die Wärme gar nicht zum Licht, etwa zum Sonnenlicht, gehören kann, weil es zwar die Erde erwärmt, nicht aber die Gipfel hoher Berge. Der Optik folgt die Himmelsmechanik, unter der er die Abstände der Planeten von der Sonne im Sinne einer pythagoräischen Zahlenfolge versteht – eine alte Idee, die durch die moderne

Astronomie inzwischen längst widerlegt war. Mit letzterer hatte Hegel indes nicht viel am Hut. Bisher habe die Astronomie »noch kein wirkliches Gesetz, viel weniger etwas Vernünftiges entdeckt« – eine monströse These, die auch nicht durch das Eingeständnis gemildert wird, daß auch sein früherer Versuch in der Dissertation, auf diesem Gebiet der Vernunft zum Durchbruch zu verhelfen, gescheitert sei – einer der ganz wenigen Fälle, wo Hegel einen eigenes Fehlurteil zugibt, ein Eingeständnis, das in der zweiten und dritten Auflage der *Enzyklopädie* nicht mehr zu finden ist.

Es folgen die Elemente: Luft, Feuer, Wasser und Erde. Und weil die Materie in den Elementen eine individuelle Struktur gewinnen soll, hat Hegel diesen Abschnitt als »individuelle Physik« bezeichnet. Abgehandelt wird die Schwere, die Kohäsion, der Klang und die Wärme, woran sich die Physik der totalen Individualität anschließt, deren höchste Stufe im Bereich des Anorganischen die chemische Reaktion darstellt. Mit der »vegetabilischen Natur« beginnt das Leben, das im Tier die Stufe der Subjektivität erreicht – eine nicht nur für Artenchauvinisten schwer nachvollziehbare These. Der tierische Organismus ist durch Sensibilität, Irritabilität und Reproduktion gekennzeichnet, die sich wiederum in drei Systemen realisieren: im Nervensystem, im System des Blutkreislaufes und im Verdauungssystem. Über diese Systeme steht der Organismus in einem direkten Verhältnis zur äußeren Natur, das Hegel als ein Verhältnis des Kampfes um die Befriedigung seiner Bedürfnisse begreift – wobei beim Tier dieser Kampf vom Gefühl geleitet wird, beim Menschen hingegen durch den Geist.

Damit sind wir beim dritten Teil der *Enzyklopädie* angelangt, der Philosophie des Geistes. Auf dieser Stufe kommt die Idee zur Selbsterkenntnis. Denn ihr Gegenstand ist nicht mehr die Natur, also »der sich entfremdete Geist«, sondern der zu sich selbst gekommene Geist, d.h. die Kultur. Die Sphäre des Geistes unterteilt Hegel analog zur *Phänomenologie* in die Lehre vom subjektiven, vom objektiven und vom absoluten Geist. Das individuelle Bewußtsein, Gesellschaft, Recht, Moralität und Sittlichkeit sowie die Formen des gesellschaftlichen Bewußtseins Kunst, Religion und Philosophie sind die Gegenstände der Philosophie des Geistes.

Wirklich ausgeführt hat Hegel nur die Lehre vom subjektiven Geist, der in Anthropologie, Phänomenologie und Psychologie zerfällt. Die Anthropologie hat die »Seele« oder den »Naturgeist« zu ihrem Gegenstand – den subjektiven Geist an sich oder unmittelbar –, die zum Systemteil herabgesetzte Phänomenologie hat das »Bewußtsein« zum Gegenstand – den subjektiven Geist für sich oder vermittelt – und die Psychologie das »Subjekt« – den subjektiven Geist als den sich in sich bestimmenden Geist. Die Lehre vom objektiven Geist, es sind nicht mehr als fünfzig Seiten, umfaßt die gesamte praktische Philosophie: Rechts-, Moral-, Sozial-, Staats- und Geschichtsphilosophie. Sie ist nur in den allergröbsten Umrissen skizziert, was sich daraus erklärt, daß Hegel diesen Teil der Philosophie in seiner *Rechtsphilosophie* abhandeln wollte. Und nachdem diese als eigenständiges Kompendium erschienen war, sah er keine Veranlassung mehr, in der zweiten und dritten Auflage der *Enzyklopädie* diesen Teil seiner Philosophie auf den neuesten Stand zu bringen.

Ganz schlecht aber sieht es am Schluß des Werkes aus, wo die Lehre vom absoluten Geist vorgestellt wird. Das Kapitel, das immerhin den Schlußstein des Systems bildet, umfaßt gerade einmal zehn Seiten und steht damit in keinem Verhältnis zu den vorangehenden Partien. Ein Grund, warum sich Hegel hier mit derart dürftigen Andeutungen zufriedengab, mag der sein, daß er in seinen Vorlesungen über die Gebiete des absoluten Geistes die *Enzyklopädie* gar nicht mehr zugrunde legte, so daß deren Funktion, ein »Leitfaden für die Vorlesungen« zu sein, für diese Abteilung außer Kraft gesetzt war.

Gleichwohl kann man sagen, daß die *Enzyklopädie* ein Werk ist, das »die Grundbegriffe der gesamten Philosophie enthält«, zumindest wenn man von dem Stand der Philosophie ausgeht, den Hegel vorfand. Rudolf Heym sagte von ihr, daß man einen solchen »Bau der Wissenschaft [...] seit den Tagen des Aristoteles nicht gesehen« habe. Und Richard Kroner meinte: »Die Enzyklopädie ist die reichste und vollendetste Darstellung, die der deutsche Idealismus gefunden hat; sie ist Gestaltung jenes Systems, das er in seiner Entwicklung überall angestrebt hat.« Dieses System ist für uns inzwischen fraglich geworden, und zwar nicht, weil wir wie Nietzsche einen »Mangel an Rechtschaffenheit« vermuten würden – denn rechtschaffen war Hegel in einem Maße, daß er in dieser Beziehung für jede Generation von Philosophen ein Vorbild bleiben wird. Nein, dieses System, das uns die Architektur des Universums verstehen lassen soll, gehört deshalb einer vergangenen Epoche der Philosophie an, weil es für uns keine systematischen Anschlüsse mehr bereithält, weil der Geist der Zeit, den Hegel einfangen wollte, aus diesem System entwichen ist. Es gibt heute keinen Philosophen mehr, der den Systemansatz, wie er hier vorliegt, vertritt. Nirgendwo kommt der Idealismus Hegels und das Konstruktionsschema seines Systems handgreiflicher zum Vorschein als hier: Die logische Idee negiert sich und tritt in die äußere Existenz der Natur, dann negiert sich die Natur und hebt sich im Geist auf, der seine obligatorischen Stufen absolviert, bis er schließlich und endlich in der Philosophie zu sich selbst kommt – wobei die Philosophie natürlich die Hegelsche ist.

Dabei ist es alles andere als klar, warum die Welt, wäre sie tatsächlich reiner *logos*, überhaupt erst aus dem Begriff deduziert werden müßte. Es bleibt unbegreiflich, warum das Absolute nicht gleich am Anfang fertig ist. Im puren Geist wäre jedenfalls von vornherein Identität. Statt dessen entläßt die »reine Idee« – quasi auf dem Wege eines Gesprächs des Weltgeistes mit sich selbst – erst die Natur und dann die Kultur aus sich. Eine Außenwelt aus dem rein in sich selbst entzweienden Begriff. Und immer schön im Dreitakt, daß man ja nicht aus dem Rhythmus kommt. Ungeheuerlich.

Es ist ein intellektueller Traum, die Logik, die Philosophie der Natur und die Philosophie des Geistes in einem System mit dialektischen Mitteln darzustellen, aber eben ein Traum, der inzwischen ausgeträumt ist. Dennoch geht von diesem Werk auch heute noch eine eigenartige Faszination aus. Denn dieser Traum gleicht einem wunderschönen Sonnenuntergang, der nichts gemein hat mit dem Zerplatzen eines aufgeblasenen Frosches.

Berlin

Ende des Jahres 1817 stellte man in Berlin erneut die Frage, ob man Hegel nicht an die hiesige Universität holen sollte. Inzwischen hatten sich die Chancen für eine Berufung entschieden verbessert. Das preußische Innenministerium war umgestaltet worden. Im Zuge seiner Reorganisation entstand das Kultusministerium, das mit den Angelegenheiten der Religion, des Gesundheitswesens und der Bildung befaßt war. Baron von Altenstein wurde sein neuer Chef. Kaum hatte dieser sein Amt angetreten, schrieb er persönlich einen Brief an Hegel, in dem er ihn aufforderte, nach Berlin zu kommen. »Euer Wohlgeboren werden sich gefälligst erinnern, wie sehr ich es im vorigen Jahr bedauerte, daß Sie uns für Berlin durch einen unglücklichen Zufall entgangen sind, indem Sie, als der Ruf hierher an Sie erfolgte, gerade Ihre jetzige Stelle in Heidelberg angenommen hatten. Euer Wohlgeboren mündliche Äußerung gegen mich und gegen unsere gemeinschaftlichen Freunde erlaubten mir aber gleich damals die Hoffnung, daß es noch möglich sein werde, Sie nach einiger Zeit dennoch für die Universität Berlin zu gewinnen. Bei dem aufrichtigsten Wunsche, daß es Ihnen in Ihrer jetzigen Lage recht gut gehen möge, hoffe ich doch, daß Ew. Wohlgeboren Ihre frühere Ansicht nicht geändert haben. Bei meiner Übernahme der obersten Leitung des öffentlichen Unterrichts ist es für mich eine der wichtigsten Angelegenheiten, den durch den Tod des Professors Fichtes erledigten Lehrstuhl der Philosophie auf eine würdige Art zu besetzen.

Ich lade Sie daher hierdurch ein, die Lehrstelle bei der hiesigen Königlichen Universität als ordentlicher Professor in der philosophischen Fakultät anzunehmen.« Das Jahresgehalt sollte 2000 preußische Taler betragen, doppelt soviel wie das Gehalt in Heidelberg. Am 24. Januar 1818 antwortete Hegel, daß er bereit sei zu kommen. Für Berlin sprach einiges. Hier war das Zentrum der deutschen Aufklärung, hier befanden sich große Theater, Museen und Bibliotheken, zudem die preußische Akademie der Wissenschaften, auf deren Mitgliedschaft sich Hegel berechtigte Hoffnungen machte. Kurz darauf schrieb er an seine Schwester: »Es sind freilich schöne Gegenden, die ich verlasse, aber es ist nicht die Gegend, der man andere, für seine Bestimmung wesentliche Umstände aufopfern kann. Berlin ist ein großer Mittelpunkt für sich, und die Philosophie war von jeher im nördlichen Deutschland Bedürfnis und zu Hause als im südlichen.« Der Berliner Sand, so äußerte er sich gelegentlich, sei für die Philosophie förderlicher als Heidelbergs romantische Umgebung.

Gleichzeitig interessierten ihn die Details. Wie hielt man es in Berlin mit den Pensionen? Konnte er auf eine zusätzliche Vergütung in Form von Naturalien rechnen? Würde ihm eine mietfreie Wohnung gestellt? Weiter bat er um 200 Friedrichsdor Umzugskosten, weil er sich in Heidelberg gerade erst Hausrat angeschafft hätte und nun in Berlin neu beginnen müsse. Und schließlich solle man prüfen, ob er vom Zoll befreit werden könne, mit dem bei seinem Umzug sein Eigentum belegt würde. Bald erhielt Hegel einen positiven Bescheid. Das Umzugsgeld betrage 1000 Taler – zwar etwas weniger, als er erhofft hatte, dafür aber würde sein Gehalt noch vor Antritt seines Lehramts ausgezahlt. Die Pensionskasse für Witwen funktioniere normal. Mietfreie Wohnungen würden nicht gewährt. Die Frage der Naturalien überging man – in Berlin gab es nicht mehr die mittelalterliche Sitte der zusätzlichen Naturalienversorgung, die in deutschen Kleinstädten noch bis in die Mitte des 19. Jahrhunderts üblich war. Auf die Frage, wann er die ersten Vorlesungen zu halten gedenke, nannte Hegel als Termin Ende Oktober, so daß sein Gehalt vom 1. Juli an berechnet würde.

Am 20. September 1818 setzte sich die Familie mit einem Teil des Hausrats in Bewegung. Die Fahrt sollte drei Wochen dauern. Man reiste bequem und ohne sonderliche Eile. In Jena, seiner ersten philosophischen Wirkungsstätte, besuchte er seinen alten Freund, den Buchhändler Frommann, und am 23. September machte er mit seiner Frau einen Abstecher nach Weimar, wo er Knebel traf und mit Goethe über alte Zeiten sprach und bei dieser Gelegenheit ein paar Unstimmigkeiten hinsichtlich der Farbenlehre auszuräumen gedachte. Dann ging es weiter nach Berlin, wo er am 29. September eintraf. Da die gemietete Wohnung nicht bezugsfertig war, mußte die Familie zunächst in einem Haus an der Ecke Leipziger Straße/Friedrichstraße Quartier nehmen. Aber bald schon war die neue Wohnung fertig, und der Kupfergraben 4 wurde so weltberühmt »wie Sanssouci durch seinen königlichen Philosophen«.

Doch Eile war geboten. Die Vorlesungen wollten gründlich vorbereitet sein, das Erbe Fichtes war eine verpflichtende Hypothek. Am 22. Oktober 1818 hielt Hegel seine Antrittsvorlesung. Die Resonanz war mäßig. Schließlich war Hegel auch nur die zweite Wahl gewesen, die Mehrheit der Fakultätsmitglieder hatte sich Fries oder Schelling als Fichtes Nachfolger gewünscht, und nur dem Engagement des Freiherrn von Altenstein war es zu danken, daß Hegel den Zuschlag bekam. Nach zwei Semestern war er noch ein Geheimtip, doch dann avancierten seine Vorlesungen zum

Universitätsgespräch. 1829/30 wurden sie von zweihundert Hörern besucht, und im folgenden Semester sollen es sogar mehr als eintausendfünfhundert gewesen sein – vermutlich der größte Hörerkreis, den in den dreißiger Jahren des 19. Jahrhunderts eine öffentliche Vorlesung an der Berliner Universität aufzuweisen hatte. Der Zuspruch der Studierenden war so groß, daß Hegel im Winter 1821 Repetitionen der Naturphilosophie und der Rechtsphilosophie ankündigte. Diese oblagen den jeweils begabtesten Studenten, aus denen sich ein immer größerer Kreis von Schülern bildete, von denen einige selbst schon Vorlesungen über die Hegelsche Philosophie übernahmen, und zwar auf der Grundlage der Lehrbücher des Meisters. So wurde sein philosophisches System regelrecht populär, was nicht unbedingt bezweckt war. Von 1823 bis 1827 las Leopold Dorotheus von Henning über Logik und Metaphysik und Rechtsphilosophie; Hegels Lieblingsschüler Eduard Gans, der spätere Professor für römisches Recht und Lehrer von Marx, hielt ab 1825 ebenfalls Vorlesungen über die Philosophie des Rechts, hinzu kamen Karl Ludwig Michelet, der Ethiker und Experte auf dem Gebiet der neueren Geschichte der Philosophie, Gustav Heinrich Hotho, der Ästhetiker und Kunstgeschichtler, und Karl Rosenkranz, der Philosophiehistoriker und spätere Hegel-Biograph.

Von Oktober 1818 bis November 1831 las Hegel im Wechsel bei einer wöchentlichen Belastung von zehn Stunden Naturrecht und Staatsphilosophie, Enzyklopädie der philosophischen Wissenschaften, Logik und Metaphysik, Geschichte der Philosophie, Anthropologie und Psychologie, Naturphilosophie und schließlich auch noch Ästhetik – im Sommersemester 1821 trug er zudem Religionsphilosophie und ab dem Wintersemester 1822 Philosophie der Weltgeschichte vor.

Hegel genoß Berlin – und seinen Ruhm. Zu seinem Bekanntenkreis gehörten Minister, Geheimräte und Berühmtheiten aus der Welt der Wissenschaft und Kunst. Schon nach einem Jahr schrieb er an Creuzer: »Hier kommt man sogar dazu, Majores, Obristen, Geheime Räte unter seinen Zuhörern zu haben«, wobei sich bis heute das Gerücht hält, daß es nicht Hegel war, der sie anzog, sondern die zahlreichen Frauenzimmer, die in seinen Vorlesungen saßen. Zudem lebte man in Berlin für die große Politik, was dem Maestro imponierte.

Zu Hause aber blieb alles beim alten. Hegel führte akribisch das Wirtschaftsbuch, in das er wie bisher alle Einnahmen und Ausgaben eintrug. Einmal pro Woche händigte er seiner Frau zehn Taler für die Einkäufe aus, Miete und den Lohn für die Dienstboten zahlte er selbst. Auch das Geld für Bekleidung wie für Theater- und Konzertbesuche wurde vermerkt, zuweilen sogar die Gaststättenbesuche. Hegel blieb sich hierin vollkommen treu und auch darin, daß er oft Einladungen wahrnahm und ebensooft Gäste empfing. Ja, je älter er wurde, desto größer wurde sein Bedürfnis nach einer kurzweiligen Plauderei. Nach wie vor trank er den Wein aus großen Bechern statt aus den winzigen Gläsern, die in Berlin als schick galten. Wie in Tübingen der junge Hegel in geselligen Runden ein geschätzter Unterhalter war, so war es der alte Hegel in Berlin, besonders in Gesellschaft jüngerer Frauen. Im Unterschied zu den Jahren am Tübinger Stift war er jetzt auch nicht mehr ganz so nachlässig gekleidet. Stets zeigte er sich an den jeweiligen politischen Neuigkeiten und den gerade kursierenden Klatschereien interessiert. Fast scheint es, als habe er einen gewissen Hang für das Oberflächliche und Banale entwickelt, als bedürfte sein akademisches Leben eines Korrektivs. Ganz offenkundig war er alles andere als ein

Langweiler – trotz eines unverkennbaren Zugs zur Pedanterie. Jedenfalls entsprach er kaum dem gängigen Klischeebild eines Philosophen. Er war nicht besonders linkisch, kam mit der Welt klar und war zudem eine Frohnatur, die mit ihrem mal derben, mal feinsinnigen Humor ganze Gesellschaften unterhielt. Der heiteren Oberfläche des bunten Lebens, mit der er in der Theorie vergleichsweise wenig anfangen konnte, vermochte er im Alltag durchaus etwas abzugewinnen.

Nun hatte ihn Altenstein natürlich nicht nach Berlin geholt, damit er hier als Partylöwe Karriere machte. Mit der Einladung verband sich neben dem akademischen ein dezidiert politisches Ziel. Hegel sollte die studentischen Geister beruhigen, die sich zusehends radikalisierten. In diesem Sinne begann er seine Antrittsvorlesung mit einer gigantischen Lobpreisung Preußens als Zentrum der Wissenschaften und der Kultur. Hatte er Preußen einst einen »völligen Mangel an wissenschaftlichem und künstlerischem Genie« bescheinigt, so sah er jetzt in ihm den Ort, in dem die Vernunft nach langen Irren und Wirren zu sich selbst gekommen sei. Damit nicht genug, versicherte er seinen Hörern, daß in diesem Staat »jener große Kampf des Volkes im Verein mit seinen Fürsten, um Selbständigkeit, um Vernichtung fremder gemütloser Tyrannei, und um Freiheit im Gemüte, seinen höheren Anfang genommen« habe, weshalb auch die Philosophie »sich zu den Deutschen geflüchtet« habe und nur bei ihnen fortlebe.

Hegel, der früher in Preußen eher ein Hindernis für die Wiederaufrichtung des deutschen Reiches gesehen hatte, der in Napoleon, den er als den »großen Staatsrechtslehrer« bezeichnete, den Garanten der Hoffnung auf die staatliche Zukunft Deutschlands sah und nach der Schlacht von Jena und Auerstedt kein gutes Haar am preußischen Staat ließ, begann seine erste Vorlesung mit einer Lobeshymne auf Preußen und seine Regierung, die in schwerer Zeit den Staat vor dem Versinken in Anarchie bewahrt, die politischen Kräfte zum Wohl des Ganzen mobilisiert und eine Staatsreform in Gang gesetzt habe, die Preußen zu neuem Selbstbewußtsein verhelfen sollte. Gleichwohl hatte sich Hegel nicht über Nacht von einem Saulus zu einem Paulus gewandelt. Zwar hatten sich seine bonapartistischen Neigungen inzwischen gelegt, nicht aber seine Sympathien für die Große Revolution der Franzosen. Im Gegenteil. Auf sie stieß Hegel regelmäßig am 14. Juli mit einem Glas Wein an, in ihr sah er das Morgenrot einer neuen Zeit.

Seine Studenten sahen das anscheinend ähnlich. Auch für sie war Hegel kein Philosoph der Reaktion – zumal er für ein Preußen Partei ergriff, das eine Reihe tiefgreifender Reformen eingeleitet und, wenn es nach Hegel gegangen wäre, eine Reihe von Reformen noch vor sich hatte. Seine Rechtsphilosophie spiegelt weder im guten noch im bösen die preußische Realität von 1820 wider. Sicher, mit den radikalen Burschenschaftlern und ihrer Deutschtümelei, die sich gegen die französischen Moden, gegen englische Waren, die russische Selbstherrschaft und natürlich gegen die eigene Regierung wandten, hatte er auch nicht viel im Sinn, glaubten sie doch, mit dem Ablegen der französischen Halstücher und Ideen stellten sich die altgermanischen Tugenden von selbst ein. Als sich die Studenten jedoch radikalisierten und auch Schüler Hegels von der Polizei festgenommen wurden, da setzte er sich für sie ein – nicht, weil er ihre radikalen Überzeugungen teilte, die er vielfach für unausgegoren und verworren hielt, nein, weil er die polizeilichen Repressionen des preußischen Staats verurteilte.

»Viele junge Männer«, so berichtete Karl Rosenkranz, »welche in der Folge der seit 1817, noch mehr seit 1819 begonnenen burschenschaftlichen Untersuchungen nach Berlin kamen und Hegel's Zuhörer wurden, fingen an, ihm ein wahrhaft neues Leben zu verdanken und bildeten recht eigentlich den Kern seiner Anhängerschaft, an den sich erst allmählich die breite Masse ansetzte.« Viele von ihnen mußten mit der Polizei Bekanntschaft schließen. Gegen einige wurde monate- und jahrelang ermittelt. Und es kam auch vor, daß dieser oder jener ins Gefängnis geworfen wurde. Für alle setzte sich Hegel ein, nicht, weil er sie zum Preußentum bekehren wollte, sondern um sie als Patrioten zu schützen, deren Unschuld so lange als gegeben zu gelten hatte, solange ihre Schuld nicht erwiesen war. Einmal, so erzählte man sich, ließ sich der Philosoph in mitternächtlicher Stunde von Studenten über die Spree zum Stadtvogteigefängnis rudern, um einem eingesperrten Burschenschaftler Mut zuzusprechen – eine Geschichte, deren Wahrheitsgehalt nicht verbürgt ist, die aber besser nicht hätte erfunden werden können. Hegel, der sich selbst als »ängstlichen Menschen« bezeichnete, der die Ruhe über alles liebte, war nach einem Jahr in Berlin so in die politischen Ereignisse verstrickt, daß er dabei wenn nicht Kopf und Kragen, so doch zumindest seine Professur verlieren konnte – eine Gefahr, die einzugehen für einen deutschen Professor nicht eben selbstverständlich war. »Ich bin gleich 50 Jahre alt«, schrieb er in einem seiner Briefe, »habe 30 davon in diesen ewig unruhevollen Zeiten des Fürchtens und Hoffens zugebracht und hoffte, es sei einmal mit dem Fürchten und Hoffen aus. Nun muß ich sehen, daß es immer fortwährt, ja, meint man in trüben Stunden, immer ärger wird.«

Hegels Verhältnis zum preußischen Staat war also durchaus ambivalent. Dem Philosophen, der sich für Kollegen und Studenten einsetzet, stand der Verfasser der *Rechtsphilosophie* gegenüber, in der man schon bald die gigantische

Apologie des absolutistischen Obrigkeitsstaates sehen wollte. Mit ihr geriet Hegel in den Ruf, der preußischen Reaktion philosophisch Beistand geleistet zu haben.

Die Grundlinien der Philosophie des Rechts
Über die Wirklichkeit der Vernunft und die Vernunft der Wirklichkeit

Auch die *Rechtsphilosophie* ist wieder ein »Leitfaden«, den Hegel den Hörern seiner Vorlesungen in die Hand geben wollte. Das »Lehrbuch« bezeichnet er in der Vorrede als eine »weitere, insbesondere mehr systematische Ausführung derselben Grundbegriffe, welche über diesen Teil der Philosophie in der von mir sonst für meine Vorlesungen bestimmten *Enzyklopädie der philosophischen Wissenschaften* [...] bereits enthalten sind«. Die Ausarbeitung der *Rechtsphilosophie* begann in Heidelberg. Hier hatte Hegel im Winterhalbjahr 1817/18 erstmals »Naturrecht und Staatswissenschaft« angekündigt, was sich dann »Naturrecht und Staatswissenschaft im Grundrisse« nannte. Als er nach Berlin kam, brachte er also ein bereits ausgearbeitetes Manuskript mit, das den Grundstock seines Lehrbuchs bildete, von dem er bereits am 30. Oktober 1819 an Friedrich Creuzer schrieb, daß er es jetzt drucken lassen wolle – weshalb Hegel auch seine Vorlesung im Wintersemester »Naturrecht und Staatswissenschaft oder die Philosophie des Rechts« mit dem Hinweis auf den »demnächst erscheinenden Leitfaden« ankündigte.

»Demnächst« erschien das Werk aber nicht. Die Karlsbader Beschlüsse kam dazwischen, die am 20. September 1819 vom Deutschen Bundestag unter dem Druck von Preußen und Österreich bestätigt und am 18. Oktober in Berlin publiziert wurden. Da er jetzt wußte, »woran wir mit unserer Zensurfreiheit sind«, wollte er den Leitfaden »nächstens« in Druck geben. Aus »nächstens« wurden neun Monate, denn erst im Juni 1820 übergab Hegel das Manuskript dem Verlag – und dem Zensor. Mit dem durch einen Plenarbeschluß des deutschen Bundestages angenommenen Universitäts- und Pressegesetz trat auch in Preußen ein Edikt in Kraft, das alle Druckschriften einer Vorzensur unterstellte. Überliefert ist weder die nicht abgelieferte Fassung noch die abgelieferte, doch können wir davon ausgehen, daß Hegel das ursprüngliche Manuskript seiner Rechtsphilosophie deshalb zurückbehielt, um sie einer Selbstzensur zu unterwerfen und sie mit einigen Ergänzungen zu versehen, die den Zensor gnädig stimmen sollten – die berühmt-berüchtigte Vorrede spricht diesbezüglich eine deutliche Sprache. Daß solcherart Befürchtungen nicht herbeiphantasiert waren, ist dadurch belegt, daß gerade erst drei seiner engen Vertrauten verhaftet worden waren. Am 15. Dezember 1819 erhielt er ein Abschlagshonorar von sechzig Talern, bevor Mitte Oktober 1820 die *Rechtsphilosophie* bei der Nicolaischen Buchhandlung zu Berlin erschien.

»*Die philosophische Rechtswissenschaft* hat die *Idee des Rechts*, den Begriff des Rechts und dessen Verwirklichung zum Gegenstand«, wobei Hegel das Recht wie folgt definiert: »Dies, daß ein Dasein überhaupt *Dasein des freien Willens* ist, ist das *Recht*. – Es ist überhaupt die Freiheit, als Idee.« Die von Hegel behauptete Verknüpfung von Recht und Freiheit ergibt sich aus der Tatsache, daß von Hobbes, Locke, Kant und Fichte Recht immer im Sinne von verbrieften Freiheiten, als Ermächtigungen zu etwas verstanden wurde. »Der Boden des Rechts ist überhaupt das *Geistige* und seine nähere Stelle und Ausgangspunkt der *Wille*, welcher *frei* ist, so daß die Freiheit seine Substanz und Bestimmung ausmacht und das Rechtssystem das Reich der verwirklichten Freiheit, die Welt des Geistes aus ihm selbst hervorgebracht, als zweite Natur, ist.« Das Recht ist keine Naturtatsache, sondern »zweite Natur«, es gehört der »Welt des objektiven Geistes« an, d. h. der Welt der Kultur, weshalb es im Naturrecht auch nicht um das Recht der Natur, sondern um die Natur des Rechts geht: um seinen Begriff. Ein Recht der Natur, wie es heute mitunter von Umweltaktivisten für bedrohte Arten eingefordert wird, kann es in einer an Hegel orientierten Perspektive nicht geben. Diese können zwar rechtlich geschützt werden, aber nicht, weil sie darauf von Natur aus ein Recht haben, sondern weil wir es wollen, weil wir sie für schützenswert halten, worin sich Hegels These bestätigt, daß der freie Wille der »Ausgangspunkt« des Rechts ist.

Nun war dies auch schon die Auffassung Kants, dem Hegel jedoch vorwirft, die Freiheit immer nur als »negative Freiheit« gedacht zu haben, als wechselseitige Beschränkung individueller Willkür. In diesem Zusammenhang wiederholt er den Vorwurf aus der *Phänomenologie des Geistes*, daß selbiger negative Freiheitsbegriff für den Terror der Jakobiner verantwortlich sei. Ihm stellt er seinen Begriff der »substantiellen Freiheit« gegenüber, mit dem er auf eine dialektische Entsprechung von Rechten und Pflichten auf allen Stufen der verwirklichten Freiheit zielt.

Der Wille, von dem Hegel sagt, daß er der Ausgangspunkt des Rechts sei, erscheint zunächst als ein individueller oder als ein unbestimmtes Können. Ihm folgt der Wille in seiner Besonderung, dem ein Anderes auffordernd gegenübertritt. Die dialektische Einheit beider Momente erscheint dann als bestimmtes Können oder als Entschluß. Diesen drei Typen entspricht der Bau der rechtlichen Ordnung: das abstrakte Recht, die Moralität und die Sittlichkeit. Im abstrakten Recht, das vor Hegel Thema des reinen Naturrechts als

Vernunftrecht war, bringt er das Privatrecht unter, also Eigentum und Vertrag. Es ist das Recht der Person auf Eigentum, ein Recht, das auch den Zwang enthält, was Hegel über den Begriff des Unrechts erläutert. »Das abstrakte Recht ist Zwangsrecht, weil das Unrecht gegen dasselbe eine Gewalt gegen das Dasein meiner Freiheit in einer äußerlichen Sache ist.« Gemeint ist damit, daß infolge des Privateigentums die einzelnen Willen auseinanderstreben und daß im Falle eines Vergehens oder Verbrechens die Strafe das Recht, das durch die Straftat gebrochen wurde, wiederherstellt – quasi als dialektische »Negation der Negation«. Hegel geht sogar so weit, zu behaupten, daß die Strafe die »Wiederherstellung der Freiheit« sei und daß der Verbrecher durch sie wieder »frei gemacht« werde.

Das nach innen gerichtete Recht ist die Moralität. Hier geht die juristische Person ins moralische Subjekt über, weshalb Hegel sagt: »Der moralische Standpunkt ist [...] in seiner Gestalt das Recht des subjektiven Willens. Nach diesem Recht anerkennt und ist der Wille nur etwas, insofern es das Seinige, er darin sich als Subjektives ist.« Das Moralische ist das Subjektive der Willensbestimmung. Was das Subjekt ist, ist es durch »die *Reihe seiner Handlungen*«. Für Fragen des Gewissens und der Gesinnung zeigt Hegel wenig Interesse. Die gesamte Innerlichkeit erscheint ihm fremd, ja sogar verdächtig. Für die »psychologischen Kammerdiener«, die in unseren Tagen die Seiten des Feuilletons mit ihrem »Herzensbrei« überschwemmen, hatte er nur Verachtung übrig. Ob eine Handlung gut oder schlecht sei, hängt nicht von formalen Kriterien der Gesinnung, sondern vom Inhalt des Gegenstandes ab, so daß eine Tat objektiv als gut beurteilt werden kann, die in subjektiver Hinsicht aus Eigennutz, Ehrgeiz oder Ruhmsucht geschah.

Eine Begrenzung auf das moralisch Gute, unabhängig von

den Resultaten dieser Handlungen, ist nach Hegel unzulässig. Das Kapitel über Moralität enthält keine Ethik im Sinne einer Theorie der moralischen Rechte und Pflichten, im Gegenteil. Kant wirft er vor, daß sich aus seinem Moralprinzip gar nichts Bestimmtes ableiten lasse außer eben der Verpflichtung, stets das Gute zu wollen – ohne daß damit gesagt wäre, was das Gute eigentlich sei. Obwohl Hegel hier nicht die These wiederholt, die er schon in Jena der Ethik Kants entgegengestellt hatte, daß der kategorische Imperativ ein Prinzip der Unsittlichkeit sei, so steigert er doch den Formalismusvorwurf bis zu der Behauptung, daß sich mit Hilfe des kategorischen Imperativs alles und jedes als moralische Pflicht hinstellen lasse.

Nun ist der Formalismusvorwurf gegen Kants Ethik in dieser Form sicher nicht zu halten, da Kant ein höchst relevantes Rechtsprinzip aus dem Moralprinzip ableitete. Gleichwohl hat Hegel hier einen Punkt getroffen, insofern er meint, daß es nicht genüge, etwas Großes nur zu wollen und es nicht auszuführen: »sonst ist es ein nichtiges Wollen. *Die Lorbeeren des bloßen Wollens sind trockene Blätter, die niemals gegrünt haben.*« Hegel meint, daß wir unsere Rechte und Pflichten nicht allein aus unserer Rechtskenntnis und unserer moralischen und religiösen Erziehung kennen, sondern auch aus unseren sittlichen Lebensverhältnissen, die er im ethischen Formalismus theoretisch vergleichgültigt sieht. Eine recht verstandene Pflichtenlehre kann ihm zufolge in nichts anderem bestehen als in einer Explikation des in der Idee der Freiheit Vorgegebenen, die in einem Staat wirklich ist. Und so lautet denn auch seine Antwort auf Kants Frage »Was soll ich tun?«: »*Was* der Mensch tun müsse, *welches* die Pflichten sind, die er zu erfüllen hat, um tugendhaft zu sein, ist in einem sittlichen Gemeinwesen leicht zu sagen, – es ist nichts anderes von ihm zu tun, als was ihm in seinen

Verhältnissen vorgezeichnet, ausgesprochen und bekannt ist«, wobei offenbleibt, wie wir überhaupt wissen können, was wir tun sollen, wenn wir nicht in einem solchen »sittlichen Gemeinwesen« leben. Damit erweist sich Hegel als Vertreter einer Institutionenethik, insofern sich die Richtigkeit und Verbindlichkeit aus der Struktur der Institutionen ergibt, in denen wir leben, womit er als gegeben annimmt, was für Kant das Problem war: die Frage nach der Möglichkeit eines sittlichen Lebens in der modernen Welt. Hegel setzt einfach voraus, daß die Institutionen solche eines »sittlichen Gemeinwesens« sind, was insofern schlüssig ist, als er von einer Identität des Vernünftigen und des Wirklichen ausgeht.

Unter Sittlichkeit versteht Hegel die dialektische Aufhebung des abstrakten Rechts und der Moralität. »Das Rechtliche und das Moralische kann nicht für sich existieren, und sie müssen das Sittliche zum Träger und zur Grundlage haben, denn dem Recht fehlt das Moment der Subjektivität, das die Moral wiederum für sich allein hat, und so haben beide Momente für sich keine Wirklichkeit.« Die Sittlichkeit ist die höhere Einheit des abstrakten Rechts und der Moralität. Insofern ist dann auch die Antwort auf die Frage eines Vaters nach der besten Weise, seinen Sohn sittlich zu erziehen, von einer so verblüffenden Einfachheit: »Wenn du ihn zum *Bürger eines Staates von guten Gesetzen machst*.«

Die Sittlichkeit gliedert sich in die Familie, die bürgerliche Gesellschaft und den Staat, den Hegel gemäß den Konstruktionsprinzipien seiner Philosophie als den logischen Grund der Familie und der bürgerlichen Gesellschaft betrachtet. Es ist ein Bauwerk aus menschlichen Beziehungen, deren elementare die Familie ist. Sie ist das »unmittelbare sittliche Verhältnis«, weshalb Hegel sagt: sie ist die »Wirklichkeit der Gattung«. In der Familie reproduziert sich die Gattung, wobei der subjektive Ausgangspunkt der Ehe in der Liebe zu finden sei, der objektive jedoch in der Eheschließung, die Hegel als eine sittliche Pflicht bezeichnet. Anders als die Romantiker, die in der Eheschließung eine reine Formsache sahen, auf die man getrost verzichten könne, weil das Wesentliche die Liebe sei, meint Hegel, die Ehe solle nicht durch die Leidenschaft der Partner gestört werden – für Friedrich Schlegels *Lucinde* hatte er nur die abfällige Bemerkungen übrig, sie argumentiere in einer Weise, »die Verführern nicht fremd ist. Es ist über das Verhältnis von Mann und Frau zu bemerken, daß das Mädchen in der sinnlichen Hingabe ihre Ehre aufgibt, was bei dem Manne, der noch ein anderes Feld seiner sittlichen Tätigkeit als die Familie hat, nicht so der Fall ist. Die Bestimmung des Mädchens besteht wesentlich nur im Verhältnis der Ehe.« Frauen können für Hegel zwar gebildet sein, für die »höheren Aufgaben« aber seien sie nicht geschaffen, wobei aus diesen abstrusen Zeilen nicht geschlossen werden muß, daß Hegel ein schlechter Ehemann gewesen sei.

Dem Abschnitt über die Familie folgt der über die bürgerliche Gesellschaft. Er ist der inhaltsreichste der ganzen *Rechtsphilosophie* und macht zusammen mit dem Abschnitt über den Staat fast die Hälfte des Textes aus. Mit diesem Begriff bezeichnet Hegel eine über den Markt integrierte soziale Ordnung, dem ein System der Bedürfnisse zugrunde liegt, die wesentlich durch Arbeit, genauer, durch tauschwertproduzierende Arbeit befriedigt werden. Mit kaum zu überbietendem Realitätssinn beschreibt Hegel die bürgerliche Gesellschaft als ein System der Atomistik, in der »jeder sich Zweck« ist, »alles Andere ist ihm nichts. Aber ohne Beziehung auf Andere kann er den Umfang seiner Zwecke nicht erreichen: diese Anderen sind daher Mittel zum Zweck des Besonderen. Aber der besondere Zweck gibt sich durch die Beziehung auf Andere die Form der Allgemeinheit und befriedigt sich, indem er zugleich das Wohl des Anderen mitbefriedigt.« So entsteht aus dem »Wimmeln von Willkür« ein ökonomisches System, das Hegel mit dem Planetensystem vergleicht und das Gegenstand der politischen Ökonomie ist. Er, der als erster Philosoph die Bedeutung der politischen Ökonomie für die Untersuchung einer vom Staat als politisches System unterschiedenen Form der Vergesellschaftung erkennt, die wesentlich durch den Markt erfolgt, wird mit seinen Überlegungen zur bürgerlichen Gesellschaft nicht nur zum Mitbegründer einer von der politischen Philosophie zu unterscheidenden Sozialphilosophie, sondern als erster Theoretiker dieser wesentlich modernen Gesellschaft zugleich auch ihr erster Kritiker.

Ohne Illusionen konstatiert er einen der bürgerlichen Gesellschaft zugrunde liegenden Widerspruch zwischen arm und reich, zwischen denen, die die Mittel zur Produktion der Reichtümer besitzen, und denen, die nicht nur vom Besitz dieser Mittel ausgeschlossen sind, sondern auch noch von der Möglichkeit, ihre Arbeitskraft auf dem Markt zu verkaufen. »Das Herabsinken einer großen Masse unter das Maß einer gewissen Subsistenzweise, die sich von selbst als die für ein Mitglied der Gesellschaft notwendige reguliert, – und damit zum Gefühl des Rechts, der Rechtlichkeit und der Ehre, durch eigene Tätigkeit und Arbeit zu bestehen, – bringt die Erzeugung des Pöbels hervor, die hinwiederum zugleich die größere Leichtigkeit, unverhältnismäßige Reichtümer in wenige Hände zu konzentrieren mit sich führt [...] Gegen die Natur kann kein Mensch ein Recht behaupten, aber im Zustand der Gesellschaft gewinnt *der Mangel sogleich die Form eines Unrechts*, was dieser und jener Klasse angetan wird.« Trotz des Wachstums der »großen Industrie« kommt es zu keinem Ausgleich. Im Gegenteil, es zeigt sich, »daß bei dem

Übermaße des Reichtums die bürgerliche Gesellschaft *nicht reich genug* ist, d.h. an dem ihr eigentümlichen Vermögen nicht genug besitzt, dem Übermaße der Armut und der Erzeugung des Pöbels zu steuern«. So vermehrt sich auf der einen Seite der Reichtum, während auf der anderen Seite Abhängigkeit und Not zunehmen – eine These, die Marx ohne jede Einschränkung übernimmt, wenngleich er bestreitet, daß der Staat diese Widersprüche aufzuheben in der Lage sei. Meinte Marx, daß der Staat mit seinen Institutionen aus der ökonomischen Struktur der bürgerlichen Gesellschaft erwächst und schon allein aus diesem Grunde nicht das allgemeine Interesse verkörpern kann, das über den partikularen Interessen steht, die die bürgerliche Gesellschaft zu zerreißen drohen, so setzt Hegel darauf, daß diese antagonistischen Tendenzen gebändigt werden können – weshalb ihm eine soziale Revolution, die das Unterste nach oben kehrt, nicht nur als nicht wünschbar, sondern auch als nicht notwendig erschien. Was kurz nach Hegels Tod die »soziale Frage« genannt wurde, wollte Hegel auf dem Boden der bürgerlichen Gesellschaft lösen, während Marx davon überzeugt war, daß der Staat stets Klassenstaat zur Unterdrückung einer Klasse durch die andere sei. Bei Hegel steht der Staat dort, wo es nach Marx gar keinen Stehplatz geben kann: über dem Getümmel.

Der Staat ist die höchste Form der Sittlichkeit, die in Gestalt der politischen Verfassung alle Glieder der bürgerlichen Gesellschaft durchdringt und deren innere Widersprüche aufheben soll. Der Staat ist für Hegel die »Wirklichkeit der sittlichen Idee« und damit das »an und für sich Vernünftige«. Nicht, daß Hegel bestreiten würde, daß es faktisch auch sehr unvernünftige Staaten gibt, was auch absurd wäre. Er meint nur, daß der Verweis auf solche Staaten nicht gegen die These spreche, daß der Staat die »Wirklichkeit der konkreten

Freiheit« sei. So wie »der häßlichste Mensch, der Verbrecher, ein Kranker und Krüppel [...] immer noch ein lebender Mensch« ist, so ist der schlechtestes Staat immer noch ein Staat – ein Argument, das sich schwerlich bestreiten läßt, hinsichtlich der Frage nach der konkreten Vernünftigkeit eines Staates aber doch nur wenig aussagekräftig ist. Hegel selbst scheint das gespürt zu haben. Fast trotzig sagt er: »Das Affirmative des Lebens besteht trotz des Mangels, und um dieses Affirmative ist es hier zu tun« – und Punkt. Der Staat ist die »Wirklichkeit des substantiellen Willens, die er in dem zu seiner Allgemeinheit erhobenen Selbstbewußtsein hat«. Sein Träger ist der »freie Geist«, der weiß, was er will.

Die Reaktionen auf das Erscheinen der *Rechtsphilosophie* waren absolut enttäuschend. Selbst persönliche Freunde und Bekannte reagierten mehr als zurückhaltend. Von Niethammer war nichts anderes zu hören, als daß ihm das Buch als Reiselektüre dienen sollte. Der Staatsminister Altenstein, dem Hegel, wie dem Staatskanzler Hardenberg, eine druckfrische Ausgabe geschickt hatte, reagierte erst nach zehn Monaten. Und Karl Daub, der Hegel einst als Prorektor nach Heidelberg geholt hatte, brauchte ein Jahr, bis er Hegel auf dessen Rückfrage seinen Dank für das zugesandte Exemplar abstattete. Schlimmer aber waren die sieben Rezensionen, von denen sechs anonym erschienen. Kaum je hatte die Kritik so gereizt, so verärgert und so wütend reagiert wie in diesem Fall. Hegel habe mit seiner Staatsvergottung und seinem Satz von der Vernüftigkeit des Wirklichen die preußische Polizeiwillkür legitimiert. Er billige dem Menschen außerhalb des Staates keinerlei Rechte zu, er sei ein niederträchtiger Verleumder, schände den deutschen Gelehrtenstand und verwechsle den Satan mit dem lieben Gott. Und Friedrich Jacob Fries, der einstige Jenaer Kollege und Vorgänger in Heidelberg, den Hegel in der Vorrede einen

»Heerführer der Seichtigkeit« nennt, der die »reiche Gliederung des Sittlichen«, die der Staat ist, »in den »Brei des ›Herzens, der Freundschaft und Begeisterung‹ zusammenfließen« lasse – obgleich dieser wegen seiner Teilnahme am Wartburgfest vom Dienst suspendiert wurde –, meinte, »Hegels metaphysischer Pilz« sei nicht in den Gärten der Wissenschaft, sondern auf dem »Misthaufen der Kriecherei aufgewachsen. Bis 1813 hatte seine Metaphysik die Franzosen, dann wurde sie königlich-württembergisch, und jetzt küßt sie dem Herrn von Kamptz die Karbatsche [...] Wissenschaftlicher Ernst wird gegen diesen Propheten unter Bütteln nicht die rechte Waffe sein« – ein Urteil, das auch der Hegel-Biograph Rudolf Haym teilte, der die Vorrede rundheraus eine »wissenschaftlich formulierte Rechtfertigung des Karlsbader Polizeisystems und der Demagogenverfolgung« nannte. Polemisiert doch die Vorrede mit all jenen, »die sich erlauben, über die Vernünftigkeit des Staates eigene Ansichten zu haben, und diese Ansichten in Wünsche und Forderungen zu verwandeln. Zum Repräsentanten dieser theoretischen und postulirenden Politiker nimmt sie einen Mann, den nicht bloß sein Charakter, den noch viel mehr und den unbedingt der Umstand vor allen Angriffen von Seiten der Philosophie hätte schützen sollen, daß er ein von der Polizei bereits Geächteter war. Nicht genug jedoch, daß auf die Fries'sche Lehre alle Vorwürfe gehäuft werden, die Hegel sonst in getheiltem Angriff gegen die Romantiker und gegen die Aufklärer, gegen die Jacobi'sche und gegen die Kant'sche Richtung zu schleudern pflegte, nicht genug, daß Fries zum ›Heerführer‹ der grassierenden ›Seichtigkeit‹ und zum ›Rabulisten der Willkür‹ gestempelt, und daß in diesem Sinne ein karrikiertes Bild seiner Lehre entworfen wird: geradezu vielmehr macht die Philosophie mit der Polizei gemeinsame Sache, und von Angriff und Anschuldigung schreitet sie zu persönlicher Denunciation und zur Aufhetzung der öffentlichen Gewalten fort.« Und weiter heißt es: »Es war in der Ordnung, dünkt mich, daß eine auf der schiefen Ebene der Reaction begriffene und doch auf die Beschützung der Wissenschaft eitle Regierung begierig die von der Philosophie ihr so unbedingt gebotene Hand ergriff. Vollkommen [...] verdiente Hegel das Zeugnis, welches Altenstein ihm gleichsam zum officiellen Restaurations- und preußischen Staatsphilosophen erklärte. Soviel ich sehe, ist gegen jenes famose Wort von der Vernünftigkeit des Wirklichen im Sinne der Hegel'schen Vorrede Alles, was jemals die Hobbes und Filmer, die Haller und Stahl gelehrt haben, eine verhältnismäßig freisinnige Lehre. Die Gottesgnadentheorie und die Theorie von der oboedientia absoluta ist unschuldig und gefahrlos im Vergleich mit der furchtbaren Doctrin, welche *das Bestehende als Bestehendes heilig spricht*.«

Die Reaktion war einhellig – fast könnte man von einem intellektuellen Todesurteil sprechen. Die Vorrede der *Rechtsphilosophie* ist das Schlimmste, was Hegel je geschrieben hat. Der Berliner Hegel denunzierte, was der junge Hegel einst sagte. Hier war die Theorie nicht mehr der Sturmbock, mit dem man die Wirklichkeit bewegen konnte, wie es die Tübinger Stiftler wollten, hier werden jene kritisiert, die den Staat darüber belehren wollen, wie er sein soll. Aber dazu, so Hegel, komme die Philosophie ohnehin immer zu spät: »Wenn die Philosophie ihr Grau in Grau malt, dann ist eine Gestalt des Lebens alt geworden, und mit Grau in Grau läßt sie sich nicht verjüngen, sondern nur erkennen; die Eule der Minerva beginnt erst mit der einbrechenden Dämmerung ihren Flug.«

Und dennoch ist die Rechtsphilosophie keine philosophische Legitimation des Status quo. Sicher, der Nachtvogel ist nun mal kein Frühaufsteher. Und Republikaner wie im Tübinger Stift, als Rousseau noch sein Held war und er als strammer Jakobiner galt, war Hegel schon lange nicht mehr. Aber nie hatte er, auch hier nicht, den preußischen Staat zur leiblichen Gestalt des Weltgeistes hochphilosophiert. Selbst noch die konservativste Passage der *Rechtsphilosophie*, die Darstellung der Staatsstruktur, hat genügend Stachel in das Fleisch der Monarchie gesetzt, wie aus dem Titel eines Buches von Karl Ernst Schubarth deutlich wird: *Über die Unvereinbarkeit der Hegelschen Staatslehre mit dem obersten Lebens- und Entwicklungsprinzip des Preußischen Staates.* Zwar nimmt sich die *Rechtsphilosophie* lediglich vor, den »Staat *als ein in sich Vernünftiges zu begreifen und darzustellen*«, weshalb sie ihn auch nicht darüber belehren will, *»wie er sein soll«*. Vergleicht man aber, was genau als vernünftig und wirklich ausgewiesen wird, mit den tatsächlichen Verhältnissen im damaligen Deutschland, so nimmt sich diese Schrift ziemlich progressiv aus. Hegel präsentiert seinen Lesern eine konstitutionelle Monarchie mit institutioneller Gewaltenteilung, wie sie in Preußen bis 1848 nicht bestand, er macht sich lustig über das Gottesgnadentum und degradiert den König zum Oberzeremonienmeister des Staates, dem er lediglich zubilligt, den Punkt aufs i zu setzen – Deutschlands Könige bezeichneten sich bis 1918 als von Gottes Gnaden –, er trat für Ständevertretungen und die Öffentlichkeit ihrer Verwaltungen ein, für Zensurfreiheit und die Geschworenengerichte, was man in Preußen dann auch prompt als Revolutionsaxiom begeiferte. Ja, selbst die »soziale Frage« wird mit einer Schonungslosigkeit angesprochen, wie es bisher nie der Fall war, weshalb Marx dann auch problemlos hier anknüpfen konnte.

Nein, Hegel hat keine totale Obrigkeit gelehrt. Im Gegenteil. Gegen die, die sie tatsächlich lehrten, hat er unzweideutig Stellung bezogen, etwa gegen den Schweizer Karl Ludwig von Haller, der die fürstliche Gewalt aus dem Recht des Stärkeren begründete, der Volk, Land und Staat zum

Privateigentum des Fürsten erklärte, mit dem dieser schalten und walten könne, wie es ihm beliebt. Sosehr sich Hegel auch dem subjektiven Sollen entgegensetzte, dem abstrakten Utopisieren, »womit die Reflexion sich aufbläht und gegen die Wirklichkeit und Gegenwart mit einem Jenseits verächtlich tut, welches nur in dem subjektiven Verstande seinen Sitz und Dasein haben soll«, so wenig hat er Macht und autoritäre Willkür gerechtfertigt. Verächtlich schreibt er: »Es ist das Härteste, was den Menschen widerfahren kann, vom Denken und der Vernünftigkeit, von der Verehrung der Gesetze und von der Erkenntnis, wie unendlich wichtig es ist, daß die Pflichten des Staates und die Rechte der Bürger gesetzlich bestimmt sind, so weit abgekommen zu sein, daß sich ihm das Absurde für das Wort Gottes unterschiebt.«

Die *Rechtsphilosophie*, die die unterschiedlichsten Wissensgebiete zu verbinden sucht und Recht, Moralität und Sittlichkeit als den dreigeteilten objektiven Geist zwischen dem subjektiven und dem absoluten Geist verortet, ist ein Versuch, die gesamte praktische Philosophie als ein geschlossenes Ganzes vorzutragen. Ihrem Anspruch nach will sie alle Themen des Nachdenkens über die Welt der menschlichen Praxis umfassen, wobei diese Themen, entgegen Hegels Vorsatz, viel weniger eng in die Systemarchitektur eingefügt sind, als es die Vorrede verspricht. Dem für die Architektur des Systems so charakteristischen Dreiertaktwalzer wird hier schon mal ein Takt hinzugefügt, wenn sich dieser denn als »wirklich« erweist. Die idealistische Rede: Wenn die Tatsachen nicht mit den Begriffen übereinstimmen, dann sei dies um so schlimmer für die Tatsachen, ist über weite Strecken suspendiert. Hegel erweist sich hier als ein Philosoph mit einem geradezu ungeheuren Respekt vor der sozialen Wirklichkeit, was sicher ein Grund dafür ist, daß die *Rechtsphilosophie* eine vom Schicksal des übrigen Systems unabhängige

Wirkungsgeschichte entfaltet hat, die bis heute fortdauert. Und so läßt sich durchaus sagen, daß sie der Theorieteil des Gesamtsystems ist, der als der modernste und anschlußfähigste gelten kann.

Die Vorlesungen

Die *Rechtsphilosophie* war Hegels größte Publikation in Berlin. Was folgte, waren einige kleinere Artikel sowie die überarbeitete zweite und dritte Auflage der *Enzyklopädie*. Die Resultate der Berliner Zeit sind die großen Vorlesungen, die nicht mehr von Hegel selbst, sondern von seinen Schülern veröffentlicht wurden. Hegels Œuvre läßt sich in drei Gruppen einteilen: in Texte, die von ihm verfaßt wurden und zu seinen Lebzeiten erschienen, in solche, die von ihm verfaßt, zu seinen Lebzeiten aber nicht veröffentlicht wurden, und in die, die weder von ihm verfaßt noch zu seinen Lebzeiten publiziert wurden. Auch wenn es sich bei der dritten Gruppe zum größten Teil um Kompilationen von Vorlesungsnachschriften handelt, sind diese Arbeiten von einem nicht zu unterschätzenden Interesse. Nicht nur daß diese Texte fast die Hälfte der ersten Hegel-Gesamtausgabe ausmachen, über sie läuft auch über weite Strecken die Rezeptionsgeschichte, wobei die Vorlesungen über die »Philosophie der Weltgeschichte«, über »Ästhetik« und über »Religionsphilosophie« die wichtigsten sein dürften.

Philosophie der Weltgeschichte
Über die Vernunft in der Geschichte

Hegel hielt die Vorlesung über die Philosophie der Weltgeschichte seit dem Wintersemester 1822/23 in zweijährigem Turnus zu je vier Wochenstunden – insgesamt fünfmal, die letzte im Wintersemester 1830/31. »Der Gegenstand dieser Vorlesungen ist die Philosophie der Weltgeschichte«, und ihre zentrale These lautet, »daß in den Begebenheiten der Völker ein letzter Zweck das Herrschende, daß Vernunft in der Weltgeschichte ist, nicht die Vernunft eines besonderen Subjekts, sondern die göttliche, absolute Vernunft, – ist eine Wahrheit, die wir voraussetzen; ihr Beweis ist die Abhandlung der Weltgeschichte selbst: sie ist das Bild und die Tat der Vernunft«.

Diese für uns alles andere als selbstverständliche These erläutert Hegel an Hand der Entwicklung des »Weltgeistes«, dessen Weg er von der orientalischen Welt über Griechenland und Rom bis zur germanischen Welt nach Berlin verfolgt, wobei die letzte Etappe im wesentlichen die Geschichte des deutschen Volkes vom Mittelalter bis zur Französischen Revolution und deren politische Ergebnisse umfaßt. Die Reise geht von Osten nach Westen. Im Osten steht die Wiege der Menschheit, Griechenland ist ihre Jugend, Rom ihre Reife und die germanische Welt ihr kraftvolles und vernünftiges Alter. Resultat dieser Rekonstruktion ist, daß diese Geschichte, die auf den ersten Blick als eine Verkettung planloser Episoden mehr oder weniger großer Männer erscheint, bei näherem Hinsehen Folge einer inneren Notwendigkeit sei – weshalb sich diese Reise als die Explikation einer impliziten Vernunft verstehen läßt.

Es ist die »List der Vernunft«, die sich hinter dem Rücken der Menschen zur Geltung bringt. Zwar verfolgen die großen historischen Individuen ihre jeweiligen Absichten und Interessen, in Wahrheit aber stehen sie im Dienst allgemeiner Zwecke. Sie führen aus, was ohnehin auf der Tagesordnung steht – wovon der Philosoph aus Berlin natürlich Kenntnis hat. Kurz: »Die Individuen holen dem Weltgeist die Kastanien aus dem Feuer.« Ob im kindischen Aberglauben Sullas oder im maßlosen Ehrgeiz Cäsars, im Fanatismus der Kreuzzüge oder im Gewissenskampf Luthers, im Terreur der Französischen Revolution oder im Carolus-Magnus-Traum Napoleons, immer steht hinter dem Partikularen und Zufälligen das Allgemeine und Notwendige – eben die »Vernunft in der Geschichte«.

Dabei folgt Hegel Kant in der Auffassung, daß man »die Geschichte der Menschengattung im Großen als die Vollziehung eines verborgenen Plans der Natur« ansehen könne, »um eine innerlich und zu diesem Zweck auch äußerlich vollkommene Staatsverfassung zustande zu bringen, als den einzigen Zustand, in welchem sie alle ihre Anlagen in der Menschheit völlig entwickeln kann«. Ja, bei Hegel wird die philosophisch behandelte Geschichte so eng an den Begriff des Staates gebunden, daß die Geschichte der Religion und der Kunst oder gar die banale Geschichte des lebensweltlichen Alltags in ihr als relevante Faktoren kaum vorkommen. Nicht, daß Religion und Kultur fehlen würden. Die politische Geschichte hat jedoch den unbestrittenen Primat. Die Zeitwoge schäumt in erster Linie durchs Politische. Eine philosophisch begriffene Geschichte ist Geschichte als »Fortschritt im Bewußtsein der Freiheit«. Und eine solche Geschichte muß dann natürlich im Staatsleben kulminieren, in dem nach Hegel die Freiheit zur objektiven Bestimmung gelangt.

Unter souveräner Mißachtung der Naturgeschichte, die für Herder noch eine direkte Voraussetzung der Geschichte der Menschheit war, beginnt für Hegel die Geschichte dort, wo die menschliche Vernünftigkeit aus der Möglichkeit in die Wirklichkeit tritt, deren bestimmendes Merkmal der Staat ist – womit die Vorlesungen an die Behauptung aus der *Rechtsphilosophie* anschließen, daß es sich beim Staat um die »Wirklichkeit der Idee« handele.

Der Fortschritt der Weltgeschichte realisiert sich durch einzelne Völker, deren Geist, der »Volksgeist«, der Träger des Weltgeistes auf einer bestimmten Stufe seiner Entwicklung ist. Dabei meint Hegel, ein Volk könne nicht mehrere Stufen durchlaufen, es könne »nicht zweimal in der Weltgeschichte Epoche machen [...], weil ihm im Prozeß des Geistes nur ein Geschäft übertragen« sei. Der Fortschritt setzt sich im weltgeschichtlichen Rahmen streng arbeitsteilig durch. Jedes Volk hat nur einen Auftritt, den es zu nutzen gilt.

Natürlich gibt es Völker, die niemals die Bühne der Weltgeschichte betreten. Diejenigen allerdings, die eine Rolle auf ebendieser Bühne spielen, haben auch das Bedürfnis, zu wissen, was der Weltgeist ist. Sie sind quasi in Augenhöhe mit dem Weltgeist – und fallen, wenn sie ihre historische Aufgabe vollbracht haben, in die politische Bedeutungslosigkeit zurück. »In die Periode, wo der Geist noch tätig ist, fällt die schönste Zeit, die Jugend eines Volkes; da haben die Individuen den Drang, ihr Vaterland zu erhalten, den Zweck ihres Volkes geltend zu machen [...] Wenn der Geist des Volkes seine Tätigkeit durchgesetzt hat, dann hört die Regsamkeit und das Interesse auf; das Volk lebt in dem Übergange vom Mannesalter ins Greisenalter, im Genusse des Erreichten [...] So sterben Individuen, so sterben Völker eines natürlichen Todes; wenn letztere auch fortdauern, so ist es eine interesselose, unlebendige Existenz [...], eine politische Nullität und Langeweile.«

Die philosophisch betrachtete Weltgeschichte erscheint als Menschheitsgeschichte und diese als Staatengeschichte. Die Verbreitung der Sprache oder die Herausbildung der Stämme liegt jenseits dieser Geschichte, die erst mit der Entstehung von Staatengebilden beginnt, weshalb Hegel auch sagt: Der Staat ist »der näher bestimmte Gegenstand der

Weltgeschichte«, »worin die Freiheit ihre Objektivität erhält und in dem Genusse dieser Objektivität lebt«.

So wird die Geschichte zwar durch das Handeln der Menschen vorangetrieben, durch ihre »Bedürfnisse, Leidenschaften, Interessen, welche als die Triebfedern erscheinen«. Hinter ihnen steht bei Hegel aber immer die »göttliche, absolute Vernunft«, die sich der Menschen bedient, um sich als Welt der Freiheit hervorzubringen. Die göttliche Vernunft ist mächtig, und sie ist listig: ihre List besteht in der »vermittelnden Tätigkeit, welche, indem sie die Objekte ihrer eigenen Natur gemäß aufeinander einwirken und sich aneinander abarbeiten läßt, ohne sich unmittelbar in diesen Prozeß einzumischen, gleichwohl nur *ihren* Zweck zur Ausführung bringt«. Deshalb meint Hegel, in der Weltgeschichte komme durch die Handlungen der Menschen immer noch etwas anderes heraus, »als sie bezwecken und erreichen, als sie unmittelbar wissen und wollen; sie vollbringen ihr Interesse, aber es wird noch ein Ferneres damit zustande gebracht, das auch innerlich darin liegt, aber das nicht in ihrem Bewußtsein und in ihrer Absicht lag«.

Die Menschen machen ihre Geschichte selbst, aber nicht so, wie sie glauben: daß sie einen Plan verwirklichen, dessen Urheber sie sind. Sie folgen vielmehr einem Plan, der hinter ihren Planungen verborgen ist. Und dieser Plan soll der Plan Gottes sein, dessen »Geschäftsführer« die »welthistorischen Individuen« sind, weil sie seine Zwecke auf Erden ausführen – eine schon für Hegels radikale Schüler kaum mehr akzeptable These. Damit aber nicht genug. Daß der »Fortschritt im Bewußtsein der Freiheit« 1830 in Berlin zu sich gekommen sein soll, vermochte schon kurz nach Hegels Tod niemanden mehr zu überzeugen. Daß der Weltgeist, der seine Wanderung in den Weiten Asiens begann, der mit den griechischen Göttern auf dem Olymp zechte und die römischen Cäsaren, Kreuzritter und Sansculotten in die Schlacht führte, sich ausgerechnet in Berlin niedergelassen haben soll, um sich hier aufs Altenteil zurückzuziehen, erschien den jungen Radikalen einfach absurd.

In der Vergangenheit jedenfalls wurde unaufhörlich umgezogen. Die Füße derer, die hinaustragen, standen immer schon vor der Tür, weshalb Abgang von der Szene angesagt war. Und nun der Wechsel auf die Ewigkeit. In den Augen der Jungen ist Hegel seinem eigenen Idealismus untreu geworden, der darin bestehen sollte, »das Endliche nicht als ein wahrhaft Seiendes anzuerkennen«, und der alles statische Sein in ein ewiges Werden auflösen wollte, weshalb hier auch der Vergleich mit Goethes Faust endet. Denn dessen Streben ist so unaufhörlich, daß es nicht einmal im Himmel Ruhe gibt. Daß die berechtigte Kritik gegen das abstrakte Sollen des Gesinnungsformalismus den Preis haben sollte, daß die Zukunft philosophisch abgesperrt wurde, konnten und wollten sie nicht einsehen. Sie bezweifelten nicht nur, daß sich das geschichtliche Werden, das Hegel mit dialektischen Mitteln begrifflich zum Stillstand bringen wollte, in Pension schicken ließe. Sie bezweifelten auch, daß das Leben, auch das philosophisch begriffene, seine höchste Bestimmung darin finde, ein Epitheton der Ewigkeit zu sein, weshalb für endliche Menschen, denen der Standpunkt des Absoluten versagt ist, die Geschichte keine »Explikation Gottes (des Absoluten) in der Zeit« sein kann. Und so war die Zeit schon bald über Hegel und seine in der »Philosophie der Weltgeschichte« begründete These, daß die »Vernunft in der Weltgeschichte« herrsche, hinweggegangen. Die Katastrophenerfahrungen des 20. Jahrhunderts taten das Ihrige.

Ästhetik
Über das sinnliche Scheinen der Idee

Auch Hegels *Ästhetik* gibt es eigentlich gar nicht, oder besser, es gibt keinen zusammenhängenden Text, den Hegel selbst autorisiert hat. Was existiert, sind drei Vorlesungsnachschriften von Schülern, die kurz nach seinem Tod die Vorlesungen im Rahmen der »Vollständigen Ausgabe« der Werke Hegels »durch einen Verein von Freunden des Verewigten« publizierten. Das Vorlesungsmanuskript, das Hegel im Winter 1820/21 ausgearbeitet hatte und das er in einer überarbeiten Form publizieren wollte, ging verloren. Dabei stehen die Ästhetikvorlesungen, die Hegel 1818 zuerst in Heidelberg und dann viermal in Berlin hielt, in einem engeren Zusammenhang mit den in der *Enzyklopädie* entwickelten Thesen über Kunst, die sie erläutern, kommentieren und zuweilen korrigieren. Damit aber nicht genug: Hegels Ästhetik ist eigentlich gar keine Ästhetik, insofern man unter »Ästhetik« eine philosophische Theorie des ästhetischen Urteilens versteht, wie sie zum Beispiel Kant in seiner *Kritik der Urteilskraft* entworfen hat, sondern eine Theorie der Kunst. Ihr zentraler Begriff ist der des »Schönen«. Im Unterschied zu Kant, der das Schöne als »interesseloses Wohlgefallen« definierte, und im Gegensatz zu Schiller, der Schönheit als »Freiheit in der Erscheinung« faßte, meint Hegel, das Schöne müsse als Idee in der Schichtung der Anschauung, des Scheines durch ein sinnliches Medium aufgefaßt werden, weshalb seine *Ästhetik* auch keine Form-, sondern eine *Inhaltsästhetik* ist. Ja, Hegel bestimmt die Kunst geradezu als das »sinnliche Erscheinen der Idee«. Der Bezug zur absoluten Idee ist nicht nur für die *Wissenschaft der Logik*, sondern auch für Hegels *Ästhetik* konstitutiv. Nachdem sich der Geist durch das dunkle Labyrinth der

Weltgeschichte gearbeitet und die Sphäre des objektiven Geistes verlassen hat, dringt er in die des absoluten Geistes vor, die neben der Kunst noch Religion und Philosophie umfaßt.

In allen drei Formen spricht sich das Absolute aus, allerdings auf verschiedene Weise. In der Kunst als der ersten Gestalt des absoluten Geistes erscheint der Geist als Schönheit. Das Schöne ist für Hegel die grundlegende ästhetische Kategorie, die in der *Ästhetik* eine ähnliche Rolle spielt wie der Begriff des Seins in der *Wissenschaft der Logik*. Das Kunstwerk ist Kunstwerk nur insofern, als es schön ist – womit sofort auch die Grenzen dieser Theorie deutlich gemacht sind. Das Häßliche, das schon kurze Zeit nach Hegels Tod die Ästhetiker beschäftigte – erinnert sei nur an die *Ästhetik des Häßlichen* von Karl Rosenkranz –, findet in Hegels ästhetischen Reflexionen keine Berücksichtigung. Allein auf das Schöne sind Hegels Überlegungen gerichtet. Außerhalb des Schönen gibt es für ihn keine Kunst, womit ein nicht eben weiter Kunstbegriff unterstellt ist.

Natürlich hat Hegel damit nicht behaupten wollen, daß sich der Künstler nur auf jene Seiten des Lebens konzentrieren solle, die gemeinhin als die schönen gelten. Was er meint, ist, daß in der Kunst nach den »Prinzipien« der Schönheit gestaltet wird und diese Gestaltung als eine geistige zu verstehen ist. In den Produkten der Kunst steht vor uns die Schönheit des Geistes oder, wie wir heute sagen würden: der Kultur. Mit der Natur und dem Naturschönen kann Hegel nichts anfangen. Erst in der Kultur ist der Geist bei sich, während die Natur das Andere der Vernunft ist – und damit kein Gegenstand der Ästhetik.

Aus einer Eintragung in sein Reisetagebuch wissen wir, daß Hegel in seiner Berner Zeit häufig und gern spazierenging. Eines Tages führte ihn der Weg vom Grindelwalder Gletscher zum Reichenbacher Wasserfall und zum Sankt

Gotthard, von wo er über den Vierwaldstätter See nach Luzern und von dort nach Bern zurückwanderte. Und was schrieb er angesichts der riesigen, von ewigem Schnee bedeckten Berge in besagtes Reisetagebuch? »Weder das Auge noch die Einbildungskraft findet auf diesen Formlosen Massen irgend einen Punkt, auf dem jenes mit Wohlgefallen ruhen könnte. Der Mineralog allein findet Stoff, über die Revolution dieser Gebirge unzureichende Mutmassungen zu wagen. *Die Vernunft* findet in dem Gedanken der Dauer dieser Berge oder in der Art von Erhabenheit, die man ihnen zuschreibt, nichts, das ihr imponiert, das ihr Staunen oder Bewunderung abnötigte. Der Anblick dieser ewig toten Massen gab mir nichts als die einförmige und in die Länge langweilige Vorstellung: *es ist so*.« Den Philosophen ließ die Majestät der Alpenlandschaft völlig kalt. Für das Erhabene in der Natur, an dem sich Kant in seiner Ästhetik abarbeitet, hatte er nur Verachtung übrig.

Einen Berliner Witz schätzte Hegel mehr als die Sonne. »Dem *Inhalt* nach [...] erscheint z. B. die Sonne als absolut *notwendiges Moment*, während ein schiefer Einfall als *zufällig* und vorübergehend verschwindet; aber für sich genommen ist solche Naturexistenz wie die Sonne indifferent, nicht in sich frei und selbstbewußt [...] Sagten wir nun überhaupt, der Geist und seine Kunstschönheit stehe *höher* als das Naturschöne, so ist damit allerdings noch nicht soviel als nichts festgestellt, denn höher ist ein ganz unbestimmter Ausdruck [...] das *Höhere* des Geistes und seiner Kunstschönheit der Natur gegenüber ist aber nicht ein nur relatives, sondern der Geist erst ist das *Wahrhaftige*, alles in sich Befassende, so daß alles Schöne nur wahrhaft schön ist als diesen Höheren teilhaftig und durch dasselbe erzeugt.« Wahrhaft schön ist allein der Geist.

Gegen diesen Geistzentrismus der Hegelschen *Ästhetik*

sind immer wieder Einwände vorgebracht worden. Dabei berufen sich jene, die wie Adorno die Natur gegen die idealistischen Anschläge verteidigen, darauf, daß Hegel nicht nur die Naturhaftigkeit der äußeren Natur theoretisch vergleichgültigt, sondern auch die der inneren Natur. Der Mensch, so der Einwand, ist aber sowohl Kultur- als auch Naturwesen. Und die Entdeckung der eigenen Naturhaftigkeit macht das Befreiende an der Erfahrung des Erhabenen aus, wie es Kant in den Mittelpunkt seiner ästhetischen Reflexion gestellt hat. In dieser Perspektive sprechen dann »die hohen Berge [...] als Bilder eines vom Fesselnden, Einengenden befreiten Raums und von der möglichen Teilhabe daran«. Was Hegel nicht imponieren mochte, erscheint bei Adorno als die Einsicht, daß es Grenzen der Naturbeherrschung gibt und daß die Erkenntnis dieser Grenzen etwas mit Freiheit in einem emphatischen Sinn zu tun hat. Hier wird mit dem Erhabenen im Rahmen einer ästhetischen Reflexion etwas gedacht, was für Hegel schlechterdings undenkbar schien: die Emanzipation des Subjekts vom Zwang der Naturbeherrschung und die Befreiung aus dem »verruchten Zusammenhang von Naturwüchsigkeit«.

Für Hegels *Ästhetik* ist jedenfalls die Orientierung am Kunstschönen charakteristisch, so wie es im ersten Hauptteil unter der Überschrift »Idee des Kunstschönen an sich« abgehandelt wird. Das Naturschöne, das bei Kant noch ästhetisches Maß und Ziel war, tritt allenfalls als Vorstufe des Kunstschönen in Erscheinung. »Die Naturdinge sind nur *unmittelbar* und *einmal*, doch der Mensch als Geist *verdoppelt* sich, indem er zunächst wie die Naturdinge ist, sodann aber ebensosehr für sich ist, sich anschaut, sich vorstellt [...] Dies Bewußtsein von sich erlangt der Mensch in zweifacher Weise: *Erstens theoretisch* [...] *Zweitens* wird der Mensch durch *praktische* Tätigkeit für sich [...] Dieser Zweck vollführt er durch Veränderung der Außendinge, welchen er das Siegel seines Inneren aufdrückt und in ihnen nun seine eigenen Bestimmungen wiederfindet. Der Mensch tut dies, um als freies Subjekt auch der Außenwelt ihre spröde Fremdheit zu nehmen und in der Gestalt der Dinge nur eine äußere Realität seiner selbst zu genießen.« Das Tier verhält sich zu nichts und überhaupt nicht. Alles, was es tut, tut es ohne Sinn und Verstand. Allein der Mensch produziert universell, also auch nach den Gesetzen der Schönheit.

Kunst gehört zum Fürsichsein, weshalb Hegel dann auch alle Begriffe seiner Kunsttheorie als Konkretisierungen dieser Ausgangskategorie vorstellt, die so anzuordnen sind, daß sie den historischen Wandel der verschiedenen Etappen, Gattungen, Genres und Arten fassen. Der zweite Hauptteil stellt sich folglich die Aufgabe, »den Grundbegriff des Schönen und der Kunst durch alle Stadien hindurch, die er in seiner Realisation durchläuft, zu verfolgen und durch das Denken faßbar zu machen und zu bewähren«. Die drei grundlegenden Grundbegriffe, denen drei Kunstformen entsprechen, sind: das »Symbolische«, das »Klassische« und das »Romantische«. Bezogen auf den Gehalt und seine jeweilige Gestaltung, kommt Hegel zu dem Ergebnis, daß in der symbolischen Kunst der Inhalt noch nicht seine adäquate Form gefunden hat, daß in der klassischen Kunst beide, Inhalt und Form, in harmonischer Einheit auftreten und daß in der romantischen Kunst diese Einheit wieder zerfällt, der Inhalt wächst über die Form hinaus.

Die symbolische Kunst gehört dem alten Ägypten an. Die Sphinx gilt als das paradigmatische Beispiel. Sie ist das Symbol des Symbolischen selbst. Mit seiner Enträtselung durch Ödipus bewährt sich der menschliche Geist, der in der klassischen Kunst des antiken Griechenlands seine neue Heimstätte findet. »Hier hat die Kunst ihren eigenen Begriff insoweit erreicht, daß sie die Idee als geistige Individualität unmittelbar mit ihrer leiblichen Realität in so vollendeter Weise, daß nur zuerst das äußerliche Dasein keine Selbständigkeit mehr gegen die Bedeutung, die es ausdrücken soll, bewahrt, und das Innere umgekehrt in seiner für die Anschauung herausgearbeiteten Gestalt nur sich selber zeigt und in ihr affirmativ auf sich bezieht.« Die griechische Kunst ist für Hegel das Dasein des *klassischen Ideals*, Schöneres kann und wird es nicht geben. Das bedeutet freilich nicht, daß der Dialektiker die Dialektik ruhigstellen würde. Denn auch diese Kunst erweist sich trotz der Harmonie des Individuellen und des Allgemeinen als beschränkt, nämlich von der Seite der »geistigen Individualität«, die erst mit dem Christentum Einzug in die Kunst hält. Hier beginnt der menschliche Geist, die Unendlichkeit des inneren Lebens auszudrücken. Der klassischen Kunst folgt die romantische, die sich auf das innere Leben des Geistes als ihren Inhalt konzentriert, demgegenüber die äußeren Formen eine untergeordnete Rolle spielen. Das Material der Kunst wird gegenüber der Form immer weiter herabgesetzt, bis hin zu seiner völligen Gleichgültigkeit.

Im dritten Teil seiner *Ästhetik* wird das historische Entwicklungsschema durch ein logisches ersetzt, durch die Analyse des Systems der einzelnen Arten und Genres. Derselbe Philosoph, der als Logiker das Schattenleben der Begriffe zäh verfolgt, imponiert uns hier durch die anschauliche Kraft des echten Kenners, der die Sprache der Kunst versteht. Dabei spricht er immer als *Philosoph der Kunst*, nie als eine neumodische Mischbegabung, die weder von der Kunst noch von der Philosophie etwas versteht. Das Kunstwerk ist sinnliches Scheinen, woraus folgt, daß die Idee wirklich auch erscheinen muß. Beide Momente gehören dialektisch zusammen. »Das Kunstwerk soll einen Inhalt nicht in seiner

Allgemeinheit als solcher, sondern diese Allgemeinheit schlechthin individualisiert, sinnlich vereinzelt vor die Anschauung stellen. Geht das Kunstwerk nicht aus diesem Prinzip hervor, sondern stellt es die Allgemeinheit mit dem Zweck abstrakter Lehre heraus, dann ist das Bildliche und Sinnliche nur ein äußerlicher und überflüssiger Schmuck, und das Kunstwerk ein in ihm selbst gebrochenes, in welchem Form und Inhalt nicht mehr ineinander verwachsen erscheinen.«

Die Kunst läßt Hegel mit der Architektur beginnen, in der das Material, der Stoff über die Form herrscht. Sie ist nicht im eigentlichen Sinne Kunst, weil sie eine dienende Funktion hat und mit außerkünstlerischen Anforderungen belastet ist. Sie bearbeitet die unorganische Natur und ist durch und durch symbolisch. Die Kunst als solche beginnt erst mit der Skulptur, mit der die klassische Kunst auch endet. Sie gestaltet die Leiblichkeit des menschlichen Körpers. Ihr folgen die romantischen Künste, die zur Wiedergabe innerer Erlebnisse geeignet sind. Die Malerei ist die abstrakteste der bildenden Künste. Der Raum wird zur Fläche reduziert. Mit ihr beginnt die für die romantische Kunstform typische Intellektualisierung des Materials, die sie zur Darstellung von Empfindungen und Gefühlen befähigt. Ihr folgt die Musik – die Kunst, von der Hegel am wenigsten verstand – als die nächsthöhere Kunstart und die romantische Kunst par excellence. Sie ist der reine Ausdruck der Innerlichkeit: die Subjektivität »ist auf die Spitze, nach Seiten des Inneren wie der Äußerung« getrieben. Ihr Material ist der Ton, »das negativ gesetzte Sinnliche«, das alles Räumliche tilgt und nur noch in einem übertragenen Sinne materiell repräsentiert, mithin besonders geeignet ist, auch noch die flüchtigsten Gemütsbewegungen klingen und verklingen zu lassen. Am Ende steht die Poesie. In ihr artikuliert sich das Tonmaterial zum Wort. Von der Poesie sagt Hegel, sie sei »die allgemeine Kunst des in sich freigewordenen, nicht in das äußerlich sinnliche Material gebundenen Geistes, der nur im inneren Raume und der inneren Zeit der Vorstellungen und Empfindungen sich ergeht«. Auf sie ist Hegels *Ästhetik* ausgerichtet, etwa im Unterschied zu Winckelmann und Schopenhauer, die der bildenden Kunst und der Musik den Vorrang geben. Erst mit dem Wort wird das Scheinen des Geistes vernehmbar-vernünftig.

Natürlich will Hegel damit nicht behaupten, daß es nur eine symbolische Baukunst, eine klassische Plastik und eine romantische Malerei, Musik und Poesie gibt. Es gibt »Abzweigungen«, die von ihm allerdings nur gewertet werden als »vorbereitende Versuche untergeordneter Anfänge, oder sie zeigten ein beginnendes Überschreiten einer Kunst, in welchem dieselbe einen Inhalt und eine Behandlungsweise des Materials ergriff, deren Typus vollständig auszubilden erst einer weiteren Kunst erlaubt war« – eine Erklärung, aus der die Verlegenheit spricht, in die Hegel gerät, wenn er das ästhetische Material der Logik des Begriffs subordiniert, dem es sich einfach nicht fügen will, und auf seinem Eigensinn beharrt. An seinem Schema aber hält Hegel fest.

Das System der einzelnen Künste treibt in der *Ästhetik* zu immer geistigerem Inhalt des ästhetischen Fürsichseins fort. Gleichwohl gibt es eine Grenze, die das Kunstschöne nicht zu überspringen vermag. Die Kunst findet an der Sinnlichkeit des Mediums ihre innere Schranke und weist am Ende über die Grenze ihrer Darstellung des Absoluten hinaus, weshalb die Idee der Schönheit auch die vollendete Versöhnung nicht leisten und der höchste Akt der Vernunft kein ästhetischer mehr sein kann, wie es Hegel, Hölderlin und Schelling im *Ältesten Systemprogramm* einst behauptet hatten. Zwar meinte Hegel immer noch, daß sich die Auszeichnung der Kunst von daher begründe, daß das Schöne »eine der Mitten ist«, in der sich der Geist zu realisieren vermag. Daß aber der höchste Akt der Vernunft ein ästhetischer sei, wird von ihm inzwischen mit dem Argument bestritten, daß der Kunst das Absolute nur unter der Form der Anschauung zugänglich sei. Die Kunst ist die sinnliche Form, in der sich das Absolute anschaulich ergreift, während Religion und Philosophie höhere Formen darstellen, unter denen das Absolute sich bereits vorstellt und begreift. Der Kunst folgt die Religion, weil diese am Ende ist. Die Jahrhunderte der Kunst liegen hinter uns. Es gibt ein »Nach der Kunst«.

Hegel interpretiert die Gegenwartskunst als eine Stufe, auf der sich mit der romantischen Kunstform die Kunst auflöst. Der Streit zwischen den Alten und den Modernen findet so eine einfache Lösung: die Romantik ist die Vollendung der Kunst sowohl im Sinne des subjektivistischen Zerfalls der Kunst in Reflexion als auch im Sinne der reflexiven Durchbrechung einer noch an die Anschauung geketteten Form der Darstellungen des Absoluten, wie sie für die klassische Kunst charakteristisch war. Der klassischen Kunst kann Hegel so ihre Vorbildlichkeit sichern, ohne bestreiten zu müssen, daß es ihrer Naivität an Reflexivität mangelt, die wiederum die Beschränktheit der Kunstsphäre in den romantischen Auflösungstendenzen so sichtbar hervortreten läßt.

Hegels These vom Ende der Kunst ist wohl das schockierendste Ergebnis seiner *Ästhetik*, die die Geschichte der Künste in sich schloß, theoretisches System und Geschichte miteinander verschmolz und gleichzeitig die Kunst »nach der Seite ihrer höchsten Bestimmung« verabschiedete. Und sie ist oft mißverstanden worden. Denn Hegel verabschiedet die Kunst nicht in dem Sinne, daß sie aufhören werde. Im Gegenteil, er hegte die Hoffnung, daß sie sich auch weiterhin steigern und vollenden werde, aber eben als eine Bewußtseinsform, die mit der Religion und Philosophie »eine Art und Weise ist, das Göttliche, die tiefsten Interessen des Menschen, die umfassendsten Wahrheiten des Geistes zum Bewußtsein zu bringen und auszusprechen«, womit sie ihre Relevanz verliert. Sie gewährt »nicht mehr diejenige Befriedigung der geistigen Bedürfnisse [...], welche frühere Zeiten und Völker in ihr gesucht und nur in ihr gefunden haben«.

Hegels These vom Ende der Kunst besagt also nicht, daß die Kunst in der modernen Welt keine Bedeutung mehr hätte. Was er behauptet, ist, daß sie eine andere Bedeutung gewinnt. Die Kunst, und das bedeutet die *schöne Kunst*, bietet unter den Bedingungen der Moderne keine ganzheitlichen Orientierungen des menschlichen Lebens, die intersubjektiv verbindlich sind. Was in früheren Zeiten der Turmbau von Babel und der Bau der Pyramiden vermochte, Mittelpunkt und sichtbare Einheit aller zu sein, kann die moderne Kunst nicht mehr leisten. Sie verliert die Funktion der Vermittlung der »Sittlichkeit eines Volkes«, die ihr Hegel in der griechischen Polis zuschreibt. In diesem Sinne ist sie etwas Vergangenes, nicht aber in dem Sinne, daß sie in ihren mannigfaltigen Ausdrucksformen die Idee eines authentischen, nichtentfremdeten Lebens präsent hält.

Philosophie der Religion
Über Glauben und Wissen

Fragen der Religion haben Hegel von Anfang an interessiert. Seit seiner Tübinger Zeit verfolgte er die zeitgenössischen Debatten, die um die Frage nach dem Verhältnis von Glaube und Wissen kreisten, und bezog dazu Stellung. In Bern und

Frankfurt suchte er die Religion mit moralischen Kategorien zu begreifen und gelangte auf diesem Wege zur Einsicht in die Untauglichkeit eines moralischen Religionsbegriffs, wie ihn Kant angeboten hatte. In Jena setzte er sich von den Romantikern und von Schelling ab und stellte in der *Phänomenologie* die Religion dem »Absoluten Wissen« voran, damals noch in der Dreiteilung von natürlicher Religion, Kunstreligion und geoffenbarter Religion. Und in Heidelberg arbeitete er im Rahmen seines Systems das aus, was er die »wissenschaftliche Erkenntnis« Gottes nannte.

Mit den *Vorlesungen über Religionsphilosophie* begann Hegel erst im Sommer 1821, drei Jahre nach seiner Berufung an die Berliner Universität. Dreimal noch hat er sie wiederholt, in den Sommersemestern 1824, 1827 und 1831. Ihr Gegenstand ist die Religion, d.h. die Gegenwart der absoluten Idee in der Form der Vorstellung. Darin liegt ihr Gemeinsames mit der Philosophie. »Die Religion ist die Art und Weise des Bewußtseins, wie die Wahrheit für alle Menschen, für die Menschen aller Bildung ist; die wissenschaftliche Erkenntnis der Wahrheit aber ist eine besondere Art des Bewußtseins, deren Arbeit sich nicht alle, vielmehr nur wenige unterziehen. *Der Gehalt ist derselbe*, aber wie Homer von einigen Dingen sagt, daß sie zwei Namen haben, den einen in der Sprache der Götter, den anderen in der Sprache der übertätigen Menschen, so gibt es für jenen Gehalt zwei Sprachen, die eine des Gefühls, der Vorstellung und des verständigen, in endlichen Kategorien und eindeutigen Abstraktionen nistenden Denkens, die andere des konkreten Begriffs.«

Glaube und Wissen haben denselben Inhalt, weshalb Hegel auch sagt, »daß der Inhalt, das Bedürfnis, das Interesse der Philosophie mit der Theologie ein gemeinschaftliches sei [...] Die Philosophie expliziert nur sich, indem sie die Religion expliziert, und indem sie sich expliziert, expliziert sie die Religion.« Sie haben diesen Inhalt aber nicht auf dieselbe Weise. Die Religion hat ihn in der Form der Anschauung, die Philosophie in der Form des Begriffs. Im Gegensatz zu Kant, der nach einem Wort von Heinrich Heine die ganze himmlische »Besatzung über die Klinge springen« ließ, insofern er argumentierte, daß nicht ein transzendenter, in seiner Existenz nicht beweisbarer Gott den Menschen ihre Moral vorschreibe, sondern das moralische Bewußtsein des Menschen Gott als Postulat der praktischen Vernunft setze – womit Kant viel radikaler war als Robespierre, der »nur« gekrönte Häupter abschlug –, im Gegensatz also zu Kant geht Hegel daran, den Gottesgedanken wieder ins Zentrum der theoretischen Vernunft zu rücken. Denn mit einer rein moralischen Interpretation Gottes, so Hegels Befürchtung, muß zwangsläufig auch die Religion moralisch verstanden werden – was dann deren Verkürzung auf Moral zur Folge hätte. Für Hegel ist »Gott [...] die absolute Substanz, die allein wahrhafte Wirklichkeit«, weshalb es die Aufgabe der *Religionsphilosophie* sei, das zu beweisen, was nach Kant allenfalls postulierbar ist: Gott. Der arme Lampe, der mit ansehen mußte, wie der Oberherr der Welt unbewiesen in seinem Blute schwamm, sollte seinen Gott zurückbekommen, und zwar einen richtigen, beweisbaren. Gott ist für Hegel das letzte Resultat der Philosophie, und »dies Höchste ist dann der Beweis, daß Gott ist« – Nietzsche wird gegen diesen Beweis erneut die Nachricht vom Tode Gottes verkünden. Und diesmal ohne jedes Wenn und Aber.

Wie die *Rechtsphilosophie* und die *Ästhetik* hat auch die *Religionsphilosophie* drei dialektisch gebaute Teile: einen abstrakt-allgemeinen, einen unterscheidend-bestimmenden und einen absolut-triumphierenden. Im ersten Teil entwickelt Hegel den Begriff der Religion. Gezeigt wird, daß der Glaube, richtig verstanden, nicht Gefühl ist, auch nicht moralisches, wie es liberale Protestanten darstellen, denen Jesus ein guter Mann ist. Eine Auffassung, die das Wesen der Religion ins Gefühl setzt, mißversteht den religiösen Glauben. Diese Argumentation war natürlich gegen die Gefühlsreligion des Pietismus gerichtet. »Gründet sich die Religion im Menschen nur auf das Gefühl, so hat solches richtig keine weitere Bestimmung, als das *Gefühl seiner Abhängigkeit* zu sein, und so wäre der Hund der beste Christ, denn er trägt dieses am stärksten in sich, und lebt vornehmlich in diesem Gefühl. Auch Erlösungsgefühle hat der Hund, wenn seinem Hunger durch einen Knochen Befriedigung wird. Der Geist hat aber in der Religion vielmehr seine Befreiung und das Gefühl seiner göttlichen Freiheit; nur der freie Geist hat Religion und kann sie haben.« Schon in der *Phänomenologie* machte sich Hegel über den Kleinbürger lustig, der sich auf sein Gefühl wie auf ein »inwendiges Orakel« beruft – mit der Konsequenz, daß »er gegen den, der nicht übereinstimmt, fertig (ist); er muß erklären, daß er dem weiter nichts zu sagen habe, der nicht dasselbe in sich finde und fühle; – mit anderen Worten, er tritt die Wurzel der Humanität mit Füßen. Denn die Natur dieser ist, auf die Übereinkunft mit anderen zu dringen und ihre Existenz nur in der zustande gebrachten Gemeinsamkeit der Bewußtseine. Das Widermenschliche, das Tierische besteht darin, im Gefühl stehenzubleiben und nur durch dieses sich mitteilen zu können.«

Flaches Räsonnement und irrationale Hundereligion konvergieren nach Hegel darin, daß sie von Gott nichts wissen. Glaube ist Gewißheit, ist die Subjektivität, die alle Äußerlichkeit mit sich vermittelt hat. Alle Religionen suchen nach Hegel diese Vermittlung, die Einheit des Göttlichen und des Menschlichen. Mit seiner Kritik an der Gefühlsreligion polemisierte er gegen Friedrich Schleiermacher, seinem derzeitigen Kollegen, der 1821/22 unter dem Titel *Der christliche*

Glaube nach den Grundsätzen der evangelischen Kirche im Zusammenhange dargestellt eine Dogmatik publiziert hatte, in der das Wesen der Frömmigkeit auf »ein reines Gefühl der Abhängigkeit« zurückgeführt wurde. Obwohl Schleiermachers Name nicht genannt wird, wußte jeder, wer gemeint war. Dieser reagierte offiziell nicht auf die Kritik, revanchierte sich aber dadurch, daß er die Aufnahme Hegels in die Berliner Akademie der Wissenschaften, die ihm Altenstein zugesagt hatte, hintertrieb, so daß den beiden bedeutendsten Philosophen, die jemals in Berlin gelehrt haben, die Mitgliedschaft versagt blieb.

Der zweite Teil der *Religionsphilosophie* betrachtet die Religionen in ihren historischen Ausprägungsformen – womit Hegel zum Vorläufer der modernen Religionssoziologie wird. Hegel arbeitet sich hier durch eine ungeheure Materialmenge hindurch und versucht die wechselnden religiösen Glaubenslehren als notwendige Stufen einer immer tieferen Erkenntnis Gottes zu erweisen. Dabei geht er davon aus, daß die aufeinanderfolgenden Religionen durch die Natur des Geistes vereint sind, der im Verlauf der historischen Entwicklung immer mehr vermenschlicht wird, ein Prozeß, der mit einer Vertiefung des Bewußtseins der Freiheit einhergehe.

Die erste Form der Religion ist die Naturreligion, die als Zauberei erscheint. Der Mensch versucht durch seinen Willen die Natur zu beherrschen, so daß sich schon auf dieser Stufe zeigt, daß der Geist über der Natur steht. Ihr folgt die Religion des Maßes, die die chinesische Religion verkörpert. Für sie ist die sinnliche Vorstellung des Weltganzen charakteristisch. Das allumfassende Wesen ist der Himmel, seine Mitte nimmt die Erde ein, in deren Mitte wiederum das Reich der Mitte liegt, in dessen Zentrum der Kaiser von China als der Sohn des Himmels über die Lebenden und

Toten herrscht. Dieser Religion, in der alles durch Maßbestimmungen geregelt ist, folgt die indische Religion, der Brahmaismus, der die monarchistische Form des Pantheismus durch eine monistische ablöst. Brahman, die höchste Gottheit, ist ein Einheitliches, nicht aber ein Einzelner. Er ist ein Neutrum, aus dem alles entsteht und in das alles zurückkehrt, weshalb das Ziel menschlichen Lebens in dieser Religion die Wiedervereinigung mit Brahman ist. Der Weg dahin führt über eine asketische Lebensweise und den Verzicht auf weltliche Interessen und Neigungen. Der indischen Religion, die Hegel auch die der Phantasie nennt, folgt die des Insichseins, der Buddhismus. Gott ist hier das Unbestimmte, das reine Nichts, aus dem alles entspringt und in das sich alles zurückverwandelt. Er erscheint als bestimmter Mensch, als Buddha, Dalai-Lama usw. Höchstes Ziel ist die Vertiefung in die ewige Ruhe, einen Zustand, wo jeder Wille und jede Intelligenz aufgegeben ist: das Nirwana.

Diesen Naturreligionen folgen die Religionen der Freiheit. Die altpersische Religion des Guten oder des Lichts ist die erste. Sie verkörpert das nächsthöhere Stadium der religiösen Idee, insofern hier dem Guten das Böse, dem Licht die Finsternis gegenübersteht. Der dialektische Gegensatz ist noch ein sinnlicher des Kampfes zweier äußerlicher Elemente. Diesen äußeren Gegensatz verlegt die phönizische Religion des Schmerzes in das Innere. Der Gott Adonis stirbt und überwindet seinen Tod, indem er sich von neuem erzeugt. Im Adoniskult drückt sich der unendliche Lebensprozeß aus, ohne daß freilich die Idee der Unsterblichkeit der Seele eine Rolle spielte. Erst die ägyptische Religion des Rätsels beschäftigt sich mit dem Geheimnis des Lebens nach dem Tod und macht es zum Gegenstand des Totenkults. Nirgendwo auf der Welt spielte daher die Bestattung eine so zentrale Rolle wie bei den Ägyptern, deren Paläste zwar zerfallen sind, deren Pyramiden aber noch immer von diesem Geheimnis künden.

Die Auflösung des Rätsels der ägyptischen Religion erfolgt in den sogenannten Religionen der »geistigen Individualität«, den Religionen des Judentums, Griechenlands und Roms. In ihnen tritt Gott als Subjekt, als »freie Subjektivität« auf. In der jüdischen Religion der Erhabenheit wird zum erstenmal die Idee der Erschaffung der Welt durch Gott aus dem Nichts dargestellt, eine Idee, die nach Hegel weit erhabener ist als jede Vorstellung des Ursprungs der Welt aus dem Chaos. Denn hier ist Gott nicht begrenzt gedacht durch ein Anderes, das er nur formt. Nein, er schafft erst dieses Andere aus dem Nichts und formiert es und schafft schließlich den Menschen nach seinem Bilde. Durch den Sündenfall ist der Mensch in Freiheit gesetzt, er kann Gutes und Böses unterscheiden und ist damit gottähnlich.

Die Religion der Schönheit folgt auf der nächsten Stufe der dialektischen Leiter. Sie entspringt bei dem »menschlichsten Volk«, den alten Griechen. Zeus und Jupiter folgen in Hegels Ordnung Jahwe nach, was bedeutet: sie stehen entwickelt über ihm. Der einzelne Mensch ist mit allem, was er ist, mit seinen Bedürfnissen, Leidenschaften, Neigungen und Gewohnheiten, in seinen Göttern gegenwärtig. Freiheit, Wahrheit und Schönheit vermitteln sich mit dem Alltagsleben der Menschen, deren Kult nicht Entsagung ist, sondern theoretisch-künstlerischer Genuß. Im Unterschied zu dieser Poesie des Lebens ist die römische Religion prosaischer Natur. Ihre Götter sind praktisch und ernst, die Schönheit fehlt ihnen gänzlich, und die religiöse Idee bleibt dem Staat untergeordnet. Es ist eine Religion der Zweckmäßigkeit, in der das Individuum dem Staat aufgeopfert wird. Der römische Kaiser, der sich als Herrscher über die Welt ausrufen läßt, steht schließlich noch über dem formalen Recht, für dessen Ausbildung der römische Geist so viel Energie verwandt hat. Und am Ende wird er selbst zum römischen Gott. Insofern hat der römische Geist die Heiterkeit der vorangegangenen Religionen vernichtet und alles durch eine abstrakte Macht zur Einheit und Gleichheit herabgedrückt. Er wurde zur Ursache eines allgemeinen Schmerzes, aus dem sich das Christentum erhob. Nicht von Jerusalem führt der Weg zum Christentum, sondern von Rom, was sich aus Hegels Abneigung gegen den Geist des Judentums erklärt, den er immer als einen knechtischen betrachtete.

Den »bestimmten Religionen«, in denen »die Bestimmtheit des Begriffs geringer, abstrakter, mangelhaft ist«, folgt das Christentum. Ihm ist der dritte Teil der *Religionsphilosophie* gewidmet. Es ist der triumphierende Teil, der mit der Überschrift »Absolute Religion« überschrieben ist. Sie kann nicht mehr übertroffen werden, da hier die Versöhnung Gottes mit dem Menschen geschieht. »In der christlichen Religion liegt dies Prinzip [...], daß der Mensch absolut unendlichen Wert hat. Näher liegt dies Prinzip darin, daß im Christentum das durch Christus den Menschen geoffenbarte Dogma von der Einheit der göttlichen und menschlichen Natur enthalten ist: Mensch und Gott, die objektive und die subjektive Idee sind Eins.« Die christliche Religion ist das Selbstbewußtsein Gottes, der sich von sich selbst unterscheidet, sich im endlichen Bewußtsein Gegenstand, aber in diesem Unterschied mit sich identisch ist. Damit behauptet Hegel nicht, daß es hier keine Entwicklung gäbe, wohl aber, daß es eine Entwicklung innerhalb des Christentums sei, nämlich vom Katholizismus zum Protestantismus. Der Katholizismus ist nach Hegel eine falsche Form des Christentums, eine Form der positiven Religion, wie er sie in seinen Jugendschriften erörtert hat. Positivität bezeichnet nun allerdings die zufällige Form der Wahrheit, das äußerliche, unvernünftige Erscheinen der Vernunft. Die in der Bibel dargestellten Wunder existieren nicht für die Vernunft, da Geistiges nicht durch Nicht-Geistiges beglaubigt werden kann. Der Vatikanismus gilt Hegel als die Stütze solcher Regierungen, die sich auf Institutionen des »Unrechts und einen Zustand sittlicher Verkommenheit und Barbarei gründen«.

Höhe- und Endpunkt ist die Religion der Wahrheit und Freiheit. Hier verläßt Hegel die historische Darstellung und geht logisch-begrifflich vor. Er interpretiert die göttliche Dreieinigkeit als eine Triade, die auch seinem System zugrunde liegt. Dabei ist das »Reich des Vaters« das Sein Gottes vor der Erschaffung der Welt, reine Identität; das »Reich des Sohnes« ist geschaffene Welt; Christus stirbt in dieser Welt und entsteht im »Reich des Geistes« wieder auf, das die Synthese der zwei ersten Reiche darstellt, die geistige Gemeinde der Gläubigen, die sich weltlich durch einheitliche Prinzipien des sittlichen und staatlichen Lebens realisiert. Am Ende mündet der Abriß der Geschichte des religiösen Bewußtseins in die Philosophie Hegels und in die Prinzipien des sittlichen und staatlichen Lebens.

Es verwundert daher nicht, daß dieser Rationalismus bald schon die ersten Kritiker auf den Plan rief. Der von Hegel behauptete gemeinsame Inhalt von Religion und Philosophie, seiner Philosophie und seiner Religion, und mehr noch die These, daß »Gott [...] das Resultat der Philosophie« sei, erschien nicht nur den Gefühlstheologen suspekt, sondern auch dem Kaplan der katholischen St.-Hedwigs-Kirche, der sich prompt beim Kultusministerium über Hegels Verunglimpfung des Abendmahls beschwerte, hatte dieser doch gewitzelt, daß, wenn eine Maus eine geweihte Hostie fresse, sie den Leib des Herrn aufnehme und folglich angebetet werden müsse. Noch hatten die Attacken keinen Erfolg, wenngleich sich Hegel bei Altenstein erklären mußte. Doch die

Zeichen der Zeit deuteten bereits auf Sturm, so daß sich Hegel im Oktober 1827 auf einer Auslandsreise nach Paris allen Ernstes nach »einem dereinstigen Ruheplatz« umsah, weil die »Pfaffen in Berlin« und »die Armseligkeiten eines armseligen Pfaffengeköchs« ihm »den Kupfergraben vollends entleiden«.

Epilog
Hegel und die Folgen

Bekanntlich ist es dazu nicht gekommen. Hegel blieb in Berlin. Er arbeitete weiter an seinen Vorlesungen, gab ab 1827 die von ihm mitredigierten *Jahrbücher für wissenschaftliche Kritik* heraus und wollte noch eine zweite Auflage der *Phänomenologie* besorgen. Am 14. November 1831 stirbt er nach kurzer Krankheit. Die Ärzte stellen Cholera fest. Hegel soll auf dem Choleraleichenwagen zu einem abgelegenen Friedhof gebracht werden. Durch die Fürsprache von Johannes Schulze beim Polizeipräsidenten wird er nicht, wie vorgesehen, am 15. November abseits verscharrt, sondern einen Tag später, seinem Wunsch entsprechend, an der Seite von Fichte auf dem Dorotheenstädtischen Friedhof unter großer Anteilnahme von Professoren und Studenten beigesetzt. Mit Hegel wurde ein Jahrhundert begraben.

Nun setzten die Diadochenkämpfe ein, in denen sich die Jung- und die Althegelianer gegenüberstanden und um den Gehalt einer Philosophie stritten, die von sich behauptet hatte, die gesamte Wirklichkeit philosophisch auf den Begriff gebracht zu haben, wobei der äußere Anlaß des Streits sich an der Auslegung der Hegelschen Religionsphilosophie festmachte, die von David Friedrich Strauß, Bruno Bauer und dann von Ludwig Feuerbach so interpretiert wurde, daß bei ihnen von Hegels »Vermittlung des Göttlichen mit dem Menschlichen« vom Göttlichen nicht mehr viel übrigblieb – der rechte Flügel nahm dagegen den Weltgeist durchaus persönlich, als wirklichen Vater. Das Subjekt der Gottheit ist die

Vernunft, aber das Subjekt der Vernunft ist der Mensch, so lautete ihr Credo. Für die damalige Zeit eine Ungeheuerlichkeit. Deshalb ging Friedrich Wilhelm IV. sofort nach seiner Thronbesteigung im Jahr 1840 daran, mit dem linken Flügel der Schule aufzuräumen. Am 1. August 1840 übermittelte Christian Carl Josias von Bunsen Schelling den Wunsch des Königs, er möge nach Berlin kommen, um dort »die Drachensaat des Hegelschen Pantheismus, der flachen Vielwisserei und der gesetzlichen Auflösung häuslicher Zucht« auszurotten. Am 15. November 1841 hielt Schelling seine erste Vorlesung, genau einen Tag nach Hegels 10. Todestag – unter den Zuhörern Michail Bakunin, Jacob Burckhardt, Gustav Droysen, Friedrich Engels, Alexander von Humboldt, Søren Kierkegaard, Ferdinand Lassalle, Johann Carl von Savigny, Henrik Steffens, Friedrich A. Trendelenburg, Leopold von Ranke. Glaubten anfänglich die Junghegelianer noch, in Schelling einen Bündnispartner gefunden zu haben, der Hegel »überholen« werde, so mußten sie bald erkennen, daß dieser in Berlin nichts Neues zu präsentieren hatte.

So griffen sie selbst das Hegelsche System an, allerdings nicht, um an seine Stelle eine »Philosophie der Mythologie und Offenbarung« zu setzen, wie es Schelling tat, sondern um es auf die Höhe einer Zeit zu heben, die in ihren Augen unter aller Kritik war. Sie interpretierten die religiösen Vorstellungen der Menschen als deren Herzenswünsche und vindizierten so als Eigentum der Menschen, was diese auf Grund ihres elenden Daseins auf Erden an den Himmel verschleuderten. Die Wurzel für den Menschen, so ihr Credo, ist der Mensch. Ludwig Feuerbach hat dieses Credo wie folgt auf den Begriff gebracht: »Die neue Philosophie ist die vollständige, die absolute, die widerspruchslose Auflösung der Theologie in der Anthropologie; denn sie ist Auflösung derselben nicht nur, wie die alte Philosophie, in der Vernunft, sondern auch im Herzen, kurz, im ganzen wirklichen Wesen des Menschen.«

Die neue Philosophie, mit der Hegels radikaler Schüler den Meister zu Ende führen wollte, sollte sich zur Hegelschen Philosophie verhalten wie diese zur Theologie. Die Religion, so seine Überzeugung, entstehe daraus, daß der Mensch sich mit sich selbst entzweit und sich so doppelt setzt: als ein beschränktes und als ein unbeschränktes Wesen, das er Gott nennt und anbetet, weshalb der Mensch in seinem Gott auch nichts anderes weiß als sich selbst. Kurz: Die Götter sind nichts anderes als die in wirkliche Wesen verwandelten Herzenswünsche des Menschen, eine Intuition, die der junge Marx sogleich nach seiner Ankunft in Berlin übernahm. Feuerbach, das war eben jene »Neue Philosophie«, die tabula rasa machte mit Hegel und jeder spekulativen Philosophie; die diese Welt, die die Philosophie auf dem Kopf laufen ließ, auf ihre Füße zurückstellte; die alle Entfremdungen und alle Illusionen aufdeckte, aber auch alle ihre Gründe nannte und es erlaubte, die Unvernunft der Geschichte im Namen der Vernunft zu denken und zu kritisieren.

Das entfernte Echo dieser befreienden Wirkung ist noch vierzig Jahre später in Engels' Rede zu spüren, wonach »wir alle momentan Feuerbachianer waren«, eben weil Feuerbach »bei seinem ersten entschiedenen Auftreten wider *Hegel* der *trunkenen Spekulation* die *nüchterne Philosophie*« gegenüberstelle. Mit Feuerbach meinte Marx den Diskurs der Moderne derart umstellen zu können, daß er per Umstülpung von der Last des Hegelschen Vernunftbegriffs befreit wird, so daß auf diese Weise die zukunftsorientierte Gegenwart dem Diktat einer besserwisserischen Vernunft entzogen wird und die nur spekulativ vollzogenen Vermittlungen unter eine die Gegenwart verändernde Kritik fallen. Marx möchte die subversive Kraft des Materialismus in den Dienst der Kritik nehmen, um die Vertreibung des Materiellen aus dem Reich der Ideen rückgängig zu machen. Was bei Hegel allein im himmlischen Überbau geschah, im Himmelreich der Ideen, sollte seine Wurzel im irdischen Unterbau finden, in den ökonomisch und sozial bedingten Interessenkonstellationen von Klassen – Hegels Vermittlung der Widersprüche erschien Marx schlicht als Ideologie, als »verkehrtes Bewußtsein« einer »verkehrten Welt«. Er meinte, daß der von Hegel selbst diagnostizierte Widerspruch innerhalb der bürgerlichen Gesellschaft diese über sich hinaustreiben wird, so daß es schon aus diesem Grund gar nicht beim alten bleiben kann.

Die Metapher der Umstülpung, des vom Kopf auf die Füße Stellens, ist daher wörtlich zu nehmen. Gerade weil die Hegel-Kritik des jungen Marx eine Kritik in praktischer Absicht ist, muß ihn sein ideologiekritischer Ansatz zu einer materialistischen »Umkehrung« der Hegelschen Philosophie des Geistes führen; denn erst mit dieser Umkehrung wird die geschichtsphilosophische Vernunft in eine »vernünftige Form« gebracht, so daß damit auch die Kritik der bürgerlichen Gesellschaft ein tragfähiges Fundament findet.

In diesem Zusammenhang attestiert Marx, daß die »positive Kritik überhaupt, also auch die deutsche positive Kritik der Nationalökonomie, ihre wahre Begründung den Entdeckungen *Feuerbachs*« verdankt, wobei Marx insbesondere dessen *Thesen zur Reform der Philosophie* und die *Philosophie der Zukunft* im Auge hat, eben weil von Feuerbach »die *positive* humanistische und naturalistische Kritik« datiert. »Je geräuschloser, desto sicherer, tiefer, umfangreicher und nachhaltiger ist die Wirkung der *Feuerbachischen* Schriften, die einzigen Schriften, seit Hegels ›Phänomenologie‹ und ›Logik‹, worin eine wirkliche theoretische Revolution enthalten ist.« Gleichwohl war Marx nie Feuerbachianer. Zwar meint auch er: »Die Wurzel für den Menschen ist der Mensch selbst.« Aber nicht der Mensch als »natürliche Allgemeinheit«, wie bei Feuerbach, sondern der Mensch als »Ensemble der gesellschaftlichen Verhältnisse«. »Der Mensch, das ist *die Welt des Menschen*, Staat, Sozietät. Dieser Staat, diese Sozietät produzieren die Religion, ein *verkehrtes Weltbewußtsein*, weil sie eine *verkehrte Welt* sind.«

Meinte Hegel, daß die Zerrissenheit der bürgerlichen Gesellschaft im Staat aufgehoben sei, dieser sollte ja das »an und für sich Vernünftige« darstellen, weil er die in der bürgerlichen Gesellschaft produzierten Gegensätze ausgleicht, so meint Marx, daß dieser Ausgleich nur erschlichen sei. In Wahrheit stehe der Staat nicht über den Antagonismen, sondern ist deren ideologischer Ausdruck, weshalb auch das von Hegel behauptete Verhältnis von Staat und Gesellschaft umzukehren sei. Sah Hegel das Moment der sittlichen Entzweiung als einen notwendigen Preis für die Institutionalisierung einer Form der individuellen Freiheit durch einen Staat, der über der bürgerlichen Gesellschaft steht, die er als ein »System der in ihre Extreme verlorenen Sittlichkeit« beschrieb, so sieht Marx in diesem Staat und in der durch ihn institutionalisierten Form der individuellen Freiheit lediglich den Ausdruck einer entfremdeten ökonomischen Basisstruktur, weshalb er auch die von Hegel behauptete Sittlichkeit des modernen Staates als einen bloßen Schein ansieht, der im Kapitalismus nur die Unsittlichkeit der durch die ökonomische Basis determinierten Sozialbeziehungen verhüllt.

Und so geht Marx daran, die Kritik des Himmels, die er mit Feuerbach für abgeschlossen erklärte, in die Kritik der Erde zu verwandeln, »die *Kritik der Religion* in die *Kritik des Rechts*, die *Kritik der Theologie* in die *Kritik der Politik*«.

Hierzu aber hatte Feuerbach nicht viel zu sagen, so daß Marx zu Hegel zurückkehren mußte, eben weil der Schritt über Hegel hinaus nicht an ihm vorbei-, sondern nur durch ihn hindurchführen könne. Freilich nicht zur Hegelschen Religionsphilosophie, an der sich bisher die Kritik der jungen Radikalen entzündet hatte, sondern zur *Rechtsphilosophie*, wobei Marx von Anfang an davon überzeugt war, daß die Kritik der spekulativen Rechtsphilosophie nicht Selbstzweck ist, sondern in Aufgaben gründet, »für deren Lösung es nur ein Mittel gibt: die *Praxis*«. Denn »die *deutsche Rechts- und Staatsphilosophie* ist die einzige mit der *offiziellen* modernen Gegenwart *al pari* stehende *deutsche* Geschichte [...] Die Kritik der *deutschen Staats- und Rechtsphilosophie*, welche durch *Hegel* ihre konsequenteste, reichste, letzte Fassung erhalten hat, ist beides, sowohl die kritische Analyse des modernen Staats und der mit ihm zusammenhängenden Wirklichkeit als auch die entschiedene Verneinung der ganzen bisherigen *Weise* des *deutschen politischen und rechtlichen Bewußtseins*, dessen vornehmster, universellster, zur *Wissenschaft* erhobener Ausdruck eben die *spekulative Rechtsphilosophie* selbst ist.«

An Hegel, der bereits zehn Jahre nach seinem Tod im akademischen Deutschland wie ein »toter Hund« behandelt wurde, entzündet sich beim jungen Marx der kritische Gedanke einer Verwirklichung der Philosophie durch deren Aufhebung. Gerade weil die ganze bisherige Philosophie selbst zu dieser Welt gehört, nämlich als »ideelle Ergänzung«, muß sie durch ihre Verwirklichung aufgehoben werden, weil sich die Philosophie nur in der kritischen Tat vollendet – weshalb dann auch die Frage, wie halten wir es mit Hegel, lange Zeit gleichbedeutend war mit der Frage, wie halten wir es mit Marx. Marx will Hegels Dialektik durch Umstülpung von ihrer »spekulativen Hülle« befreien und in den Dienst einer Kritik stellen, die *alle Verhältnisse* umwälzt, in denen der Mensch ein beleidigtes und geknechtetes Wesen ist. Das Vernünftige, das Hegel nur in der Form des Begriffs faßte, muß erst noch verwirklicht werden – und zwar vom Proletariat. »Wie die Philosophie im Proletariat ihre *materiellen*, so findet das Proletariat in der Philosophie seine *geistigen* Waffen, und sobald der Blitz des Gedankens gründlich in diesen naiven Volksboden eingeschlagen ist, wird sich die Emanzipation der *Deutschen* zu *Menschen* vollziehn [...] In Deutschland kann *keine* Art der Knechtschaft gebrochen werden, ohne *jede* Art der Knechtschaft zu brechen. Das *gründliche* Deutschland kann nicht revolutionieren, ohne *von Grund aus* zu revolutionieren. Die *Emanzipation des Deutschen* ist die *Emanzipation des Menschen*. Der Kopf dieser Emanzipation ist die *Philosophie*, ihr Herz das *Proletariat*. Die Philosophie kann sich nicht verwirklichen ohne die Aufhebung des Proletariats, das Proletariat kann sich nicht aufheben ohne die Verwirklichung der Philosophie.«

Was Sklaven, Plebejern und Leibeigenen versagt blieb – Demütigung und Unterdrückung geistig und materiell nach vorn zu durchbrechen –, den Proletariern würde es gelingen. Nur wer nichts ist, kein Band und keine Würde in der Gesellschaft hat, kann die Gefolgschaft aufkündigen und alles werden. Indem die Proletarier unter Führung ihrer revolutionären Avantgardepartei das letzte Gefecht der Klassengesellschaft ruhmreich bestehen, rächen sie ihre weniger glücklichen Vorläufer und berichtigen zugleich die gesamte menschliche Vorgeschichte. Die Bourgeoisie, die alle gesellschaftlichen Verhältnisse revolutionierte, verliert den letzten Kampf für alle Herrscherklassen, und das Proletariat siegt für alle Beherrschten. Und von nun an, so der diagnostische Befund, ist nicht nur die Vorgeschichte als eine Geschichte von Klassenkämpfen beendet, von nun an werden auch die

Springquellen des gesellschaftlichen Reichtums fließen und die »freie Entwicklung eines jeden die Bedingung für die freie Entwicklung aller sein«. Indem der Stoffwechselprozeß des Menschen mit der Natur der gemeinschaftlichen Kontrolle der frei assoziierten Produzenten unterworfen wird, soll der gesellschaftliche Zwangszusammenhang gebrochen und die lebendige Arbeit vom Joch der toten befreit werden.

Erstarrt die Geschichte unter dem Blick der dialektischen Logik Hegels zum Stillstand, so gerät sie unter der Perspektive von Marx wieder in Bewegung. Die Geschichte wird zu einer Geschichte von Klassenkämpfen und das Proletariat unter Führung einer revolutionären Avantgardepartei zum Exekutor des Fortschritts. Marx wirft dem Proletariat den weiten Mantel des Hegelschen Weltgeistes um, der das Vernünftige denken und zugleich realisieren muß. Gerade hierin erweist sich Marx als treuer Schüler Hegels. Seine Kritik an ihm geschieht im Namen von dessen eigenem Prinzip, insofern es Marx analog zu Hegel um eine Versöhnung von Begriff und Wirklichkeit geht – die späteren ökonomischen Arbeiten liefern nur eine nachträgliche Begründung einer Wahrheit, die von Anfang an auf Punkt und Komma feststand: daß sich der geschichtliche Gang in der kommunistischen Gesellschaft vollenden würde. Der Blick des Ökonomen Marx war geschärft und begrenzt durch Hegels Idee von der dialektischen Selbsterzeugung des Menschen durch und vermittels Arbeit, weshalb im Marxismus dann auch die Herstellung des »Reichs der Freiheit« allein nach dem Muster des instrumentellen Handelns gedacht wurde, was eine der geistesgeschichtlichen Wurzeln für die technokratische Erstarrung des Staatssozialismus sein dürfte.

Das Verkommen des Marxismus zu einer dogmatischen Metaphysik wäre demnach kein bloßer Betriebsunfall der Geschichte, der sich aus dem Scheitern des sozialistischen

Experiments allein erklären läßt, sondern resultiert unmittelbar aus der praxisphilosophischen Deutung des Geschichtsprozesses. Es ist die heilsgeschichtliche Überhöhung des Proletariats durch dessen geschichtsphilosophische Logifizierung, die die proletarische Revolution schlicht und ergreifend als den letzten Akt des zu sich selbst kommenden Geistes erscheinen läßt, eben weil Marx und die Seinen die christliche Eschatologie nur mit halbem Herzen über Hegel hinaus säkularisieren, so daß unter der elenden Gestalt des Proletariats beständig die Vollmacht Gottes hervorschielt, die das Heil verkündet.

»Es handelt sich nicht darum, was dieser oder jener Proletarier oder selbst das ganze Proletariat als Ziel sich einstweilen *vorstellt*. Es handelt sich darum, *was* es ist, und was es diesem *Sein* gemäß geschichtlich zu tun gezwungen sein wird. Sein Ziel und seine geschichtliche Aktion ist in seinen Lebenssituationen, wie in der ganzen Organisation der heutigen bürgerlichen Gesellschaft sinnfällig, unwiderruflich vorgezeichnet.« Nein, die von Hegel abgeschaute Notwendigkeit der marxistischen Geschichtslogik ist keine der endlichen, menschlichen Geschichte, sondern die des absoluten Geistes selbst, transformiert auf die Folie der Feuerbachschen Entfremdungstheorie. Und sie ist so unzertrennlich an den Standpunkt Gottes gebunden wie der Standpunkt, den der junge Marx materialistisch umzukehren sich anschickte, indem er Hegel vom Kopf auf die Füße stellte.

Man könnte es eigentlich hierbei bewenden lassen, zumal inzwischen die These auch empirisch widerlegt ist, daß das Privateigentum sich selbst in seiner nationalökonomischen Bewegung durch »eine von ihm unabhängige, bewußtlose, wider seinen Willen stattfindende, durch die Natur der Sache bedingte Entwicklung« aufhebt. In diesem Sinn hat das Proletariat ein ganz anderes Urteil vollzogen, als es sich die

Begründer des *Historischen Materialismus* erwünscht und erträumt hatten. Gegenüber Marx, Engels und Lenin hat Max Webers Prognose recht behalten, »daß die Abschaffung des Privatkapitalismus [...] keineswegs ein Zerbrechen des stählernen Gehäuses der modernen gewerblichen Arbeit bedeuten würde«. Weber irrte sich zwar, was die »Herrschaftsdauer« des sozialistischen Großexperiments betraf – er meinte, es zähle nur nach Monaten –, seine Voraussage jedoch, daß es unter der Ägide der Korporäle – und, so möchte man ergänzen, unter der der Dachdecker – nicht aus dem stahlharten Gehäuse der Hörigkeit führen werde, wurde durch mehr als siebzig Jahre Staatssozialismus vollauf bestätigt.

Eine Frage aber hat das Verklappen des Staatssozialismus ins Meer der Geschichte freilich nicht erledigt: Wie halten wir es heute mit Hegel? Klar scheint, daß sich seine Philosophie nicht mehr als »Philosophie der Revolution und als die letzte aller Philosophien überhaupt« verstehen läßt. Und klar scheint auch, daß seine Dialektik, die früher seinen Gegnern ein Greuel oder zumindest ein Ärgernis war, heute allenfalls als »literarisches Geschick« durchgeht, als die Kunst, Vokabulare gegeneinander auszuspielen. Unklar freilich ist, wie sich diese Philosophie als Philosophie des Absoluten dann verstehen läßt. Hier gehen die Meinungen auseinander. Meinen die einen, daß sich aus Hegel auf Grund ebendieses Absolutheitsanspruchs nichts mehr lernen lasse außer vielleicht, wie man heute nicht mehr philosophieren könne, so meinen die anderen, daß es hier noch Unabgegoltenes gebe, das sie jedoch zumeist nur beschwören, ohne es endlich einmal abzugelten, weshalb Hegels »Liebhaber« intellektuell stets über ihre Verhältnisse leben: nämlich auf Pump. Entlassen aus dem Bann des Marxismus, hat Hegel einen prekären Stand. Er ist nicht richtig tot, so daß sich sein System begraben ließe, er lebt aber auch nicht richtig fort, so daß man sein System noch vertreten könnte, weshalb wir wohl erneut Hegel und die Folgen bedenken müssen. Denn nur wenn da noch etwas ist, was wirklich phosphorisziert, kann Hegel damit rechnen, mehr als nur Gegenstand einer aufgeklärten Verehrung zu sein.

Aber vielleicht zeigt sich uns auf Grund des Abstandes zu Hegel ja auch eine dritte Möglichkeit, die Möglichkeit, ihn so zu lesen, wie man als Nichtkatholik Thomas von Aquin lesen kann: mit Genuß.

Anhang

Chronik

1770 Am 27. August wird Georg Wilhelm Friedrich Hegel in Stuttgart als erstes Kind des Rentkammersekretärs und späteren Expeditionsrates Georg Ludwig Hegel und seiner Frau Maria Magdalena geboren.

1773 Besuch der Deutschen Schule in Stuttgart bis 1775.

1775 Aufnahme in die Lateinschule.

1780 Aufnahme in das Stuttgarter Gymnasium Illustre, das spätere Eberhard-Ludwigs-Gymnasium.

1784 Tod der Mutter.

1788 Abitur und Eintritt in das Tübinger Stift als Stipendiat, Studium der Philosophie und Theologie an der Universität.

1790 Freundschaft mit Schelling und Hölderlin, mit denen Hegel dasselbe Zimmer bewohnt. Am 27. September wird Hegel zum Magister der Philosophie promoviert.

1793 Mit dem theologischen Konsistorialexamen schließt Hegel am 20. September sein Studium ab und nimmt ab Oktober eine Hauslehrerstelle in Bern an.

1797 Hauslehrerstelle in Frankfurt am Main; enger Kontakt zu Hölderlin.

1799 Tod des Vaters. Eine Erbschaft ermöglicht Hegel die akademische Laufbahn.

1801 Auf Vermittlung Schellings kann sich Hegel am 27. August in Jena habilitieren. Kurz zuvor erscheint bei Seidler in Jena seine erste philosophische Publikation: *Differenz des Fichte'schen und Schelling'schen Systems*.

1802 Gemeinsam mit Schelling gibt Hegel das *Kritische Journal der Philosophie* in der Cottaschen Buchhandlung in Tübingen heraus, in dem er mehrere bedeutsame Aufsätze publiziert.

1805 Ernennung zum außerordentlichen Professor in Jena.

1806 Nach der Schlacht bei Jena und Auerstedt verläßt Hegel Jena. In seinem Gepäck befindet sich das Manuskript der *Phänomenologie des Geistes*, die 1807 in Bamberg/Würzburg bei Joseph Anton Goebhardt erscheint.

1807 Hegel übernimmt die Redaktion der *Bamberger Zeitung*.

1808 Professor der Vorbereitungswissenschaften und Redakteur am Ägidiengymnasium in Nürnberg.

1811 Heirat mit Marie von Tucher aus Nürnberg.

1812 Der erste Band der *Wissenschaft der Logik* erscheint bei Schrag in Nürnberg, der zweite 1813, der dritte 1816.

1816 Berufung nach Heidelberg, wo Hegel neben Logik, Metaphysik und Naturrecht über Ästhetik und Geschichte der Philosophie liest.

1817 Veröffentlichung der *Enzyklopädie der philosophischen Wissenschaften im Grundrisse*, die im Verlag August Osswald in Heidelberg erschien. In den *Heidelberger Jahrbüchern für Literatur* erscheinen philosophische und politische Aufsätze.

1818 Als Nachfolger Fichtes Berufung nach Berlin, wo Hegel am 22. Oktober seine Antrittsvorlesung hält. Kauf des Hauses Am Kupfergraben 4, in dem er bis zu seinem Tod wohnt.

1820 Berufung als ordentliches Mitglied der Königlich-Wissenschaftlichen Prüfungskommission der Provinz Brandenburg.

1821 Unter dem Doppeltitel *Grundlinien der Philosophie des Rechts* und *Naturrecht und Staatswissenschaft im Grundriß* erscheint Hegels Rechtsphilosophie bei der Nicolaischen Buchhandlung in Berlin.

1822 Reise nach Brüssel.

1824 Reise über Prag nach Wien, wo Hegel zum letztenmal Schelling begegnet.

1827 Reise nach Paris. Auf dem Rückweg trifft Hegel mit Goethe in Weimar zusammen.

1827/30 Neuauflage der *Enzyklopädie der philosophischen Wissenschaften* auf Grund des außerordentlichen Lehrerfolgs an der Berliner Universität.

1829 Hegel ist auf dem Gipfel seines Ruhms. Sein Einfluß reicht weit über Preußen hinaus. In Berlin trägt man ihm das Amt des Rektors an.

1831 Am 18. November stirbt Hegel nach kurzer Krankheit, die der Hausarzt mit der damaligen Cholera-Epidemie in Berlin in Verbindung bringt. Er wird neben Fichte auf dem Dorotheenstädtischen Friedhof beigesetzt.

Literaturverzeichnis

Georg Wilhelm Friedrich Hegel: *Werke in zwanzig Bänden*, hrsg. E. Moldenhauer und K.M. Michel, Frankfurt/M. 1984.

Briefe von und an Hegel, hrsg. von J. Hoffmeister, 4. Bd., Hamburg 1969.

Dokumente zu Hegels Entwicklung, hrsg. von J. Hoffmeister, Stuttgart 1936.

Theodor W. Adorno: *Drei Studien zu Hegel, Gesammelte Schriften* Bd. 5, hrsg. von R. Tiedeman, Frankfurt/M. 1990.

Ders., *Ästhetische Theorie, Gesammelte Schriften* Bd. 7, hrsg. von R. Tiedemann, Frankfurt/M. 1990.

Ernst Bloch: *Subjekt-Objekt. Erläuterungen zu Hegel*, Berlin 1954.

Hermann Drüe u.a. (Hg.): *Hegels »Enzyklopädie der philosophischen Wissenschaften« (1830). Ein Kommentar zum Systemgrundriß*, Frankfurt/M. 2000.

Dina Emundts/Rolf-Peter Horstmann: *Georg Wilhelm Friedrich Hegel. Eine Einführung*, Stuttgart 2002.

Friedrich Engels: *Ludwig Feuerbach und der Ausgang der klassischen deutschen Philosophie*, in: *MEW* Bd. 1, Berlin 1977, S. 259–307.

Johann Gottlieb Fichte: *Grundlage der gesamten Wissenschaftslehre (1794)*, in: Ders., *Sämtliche Werke* Bd. 1, hrsg. von I.H. Fichte, Leipzig 1844, S. 84–328.

Ders., *Grundlage des Naturrechts nach Principien der Wissenschaftslehre (1796)*, in: Ders., *Sämtliche Werke* Bd. 3, hrsg. von I.H. Fichte, Leipzig 1844, S. 1–385.

Ders., *System der Sittenlehre nach Principien der Wissenschaftslehre (1798)*, in: Ders., *Sämtliche Werke* Bd. 4, hrsg. von I.H. Fichte, Leipzig 1844, S. 1–365.

Ders., *Beitrag zur Berichtigung der Urtheile des Publikums über die französische Revolution (1793)*, in: Ders., *Sämtliche Werke* Bd. 6, hrsg. von I.H. Fichte, Leipzig 1844, S. 39–288.

Kuno Fischer: *Hegels Leben, Werke und Lehre*, 2. Bd., Heidelberg 1901.

Manfred Frank: *Der kommende Gott. Vorlesungen über die neue Mythologie*, Frankfurt/M. 1982.

Hans Friedrich Fulda, Rolf-Peter Horstmann, Michael Theunissen: *Kritische Darstellung der Metaphysik. Eine Diskussion über Hegels »Logik«*, Frankfurt/M. 1980.

Annemarie Gethmann-Siefert: *Die Funktion der Kunst in der Geschichte. Untersuchungen zu Hegels Ästhetik*, Bonn 1984.

Arseni Gulyga: *Georg Friedrich Hegel*, Leipzig 1980.

Jürgen Habermas: *Der philosophische Diskurs der Moderne. Zwölf Vorlesungen*, Frankfurt/M. 1985.

Rudolf Haym: *Hegel und seine Zeit*, Berlin 1858.

Heinrich Heine: *Zur Geschichte der Religion und Philosophie in Deutschland*, in: *Heines Werke* Bd. V, hrsg. von H. Holtzhauer, Berlin und Weimar 1978, S. 5–149.

Dieter Henrich: *Hegel im Kontext*, Frankfurt/M. 1971.

Ders., *Selbstverhältnisse. Gedanken und Auslegungen zu den Grundlagen der klassischen deutschen Philosophie*, Stuttgart 1993.

Axel Honneth: *Kampf um Anerkennung. Zur moralischen Grammatik sozialer Konflikte*, Frankfurt/M. 1992.

Rolf-Peter Horstmann: *Wahrheit aus dem Begriff. Eine Einführung in Hegel*, Frankfurt/M. 1990.

Rolf-Peter Horstmann (Hg.): *Seminar: Dialektik in der Philosophie Hegels*, Frankfurt/M. 1978.

Vittorio Hösle: *Hegels System. Der Idealismus der Subjektivität und das Problem der Intersubjektivität*, 2 Bd., Hamburg 1988.

Walter Jeschke: *Die Religionsphilosophie Hegels*, Darmstadt 1983.

Immanuel Kant: *Kritik der reinen Vernunft, Werkausgabe* Bd. III, hrsg, von W. Weischedel, Frankfurt/M. 1977.

Ders., *Kritik der Urteilskraft, Werkausgabe* Bd. X, hrsg. von W. Weischedel, Frankfurt/M. 1977.

Ders., »Idee zu einer allgemeinen Geschichte in weltbürgerlicher Absicht«, in: *Schriften zur Anthropologie, Geschichtsphilosophie, Politik und Pädagogik 1, Werkausgabe* Bd. XI, hrsg. von W. Weischedel, Frankfurt/M. 1977, S. 33–50.

Justinus Kerner: *Bilderbuch aus meiner Knabenzeit. Erinnerungen aus den Jahren 1786–1804, Werke* Bd. 6, 1, hrsg. von R. Pissin, Berlin und Leipzig 1913.

Panajotis Kondylis: *Die Entstehung der Dialektik. Eine Analyse der geistigen Entwicklung von Hölderlin, Schelling und Hegel bis 1802*, Stuttgart 1979.

Richard Kroner: *Von Kant bis Hegel*, 2. Bd., Tübingen 1924.

Georg Lukács: *Der junge Hegel und die Probleme der kapitalistischen Gesellschaft*, Berlin 1954.

Karl Marx: *Ökonomisch-philosophische Manuskripte aus dem Jahre 1844, MEW. Ergänzungsband*, Erster Teil, Berlin 1977.

Ders., *Zur Kritik der Hegelschen Rechtsphilosophie. Einleitung, MEW* Bd. 1, Berlin 1977, S. 378–391.

Ders., *Das Kapital*, 1. Bd., *MEW* Bd. 23, Berlin 1977.

Manfred Riedel: *Materialien zu Hegels Rechtsphilosophie*, 2. Bd., Frankfurt/M. 1975.

Joachim Ritter: *Hegel und die französische Revolution*, Frankfurt/M. 1965.

Karl Rosenkranz: *Georg Wilhelm Friedrich Hegel's Leben*, Berlin 1844.

Friedrich Wilhelm Joseph Schelling: *Zur Geschichte der neueren Philosophie*, hrsg. von M. Buhr, Leipzig 1975.

Ders., *System des transzendentalen Idealismus*, hrsg. von St. Dietzsch, Leipzig 1979.

Friedrich Schiller: »Über die ästhetische Erziehung des Menschen in einer Reihe von Briefen (1793–1795)«, in: Ders., *Über Kunst und Wirklichkeit. Schriften und Briefe zur Ästhetik*, hrsg. von C. Träger, Leipzig 1975.

Herbert Schnädelbach: *Hegel zur Einführung*, Hamburg 1999.

Ders.: *Hegels praktische Philosophie. Ein Kommentar der Texte in der Reihenfolge ihrer Entstehung*, Frankfurt/M. 2000.

Ludwig Siep: *Der Weg der Phänomenologie des Geistes. Ein einführender Kommentar zu Hegels »Differenzschrift« und »Phänomenologie des Geistes«*, Frankfurt/M. 2000.

Charles Taylor: *Hegel*, Frankfurt/M. 1983.

Michael Theunissen: *Sein und Schein. Die kritische Funktion der Hegelschen Logik*, Frankfurt/M. 1980.

Max Weber: *Gesammelte politische Schriften*, Tübingen 1971.